社会福祉を学ぶ

── 第 5 版 ──

山田美津子・稲葉光彦── 編

JN123338

みらい

執筆者および執筆分担一覧 (50音順)

*　稲葉　光彦（いなば　みつひこ）　　元常葉大学　　　　　　　　第2章第3節、第12章

　　遠藤　美貴（えんどう　みき）　　　元立教女学院短期大学　　　第8章

　　大塚　良一（おおつか　りょういち）佛教大学　　　　　　　　　第10章

　　川島貴美江（かわしま　きみえ）　　静岡英和学院大学　　　　　第11章

　　関谷みのぶ（せきや）　　　　　　　名古屋経済大学　　　　　　第5章

　　月田みづえ（つきだ）　　　　　　　元昭和女子大学　　　　　　第6章

　　祢宜佐統美（ねぎ　さとみ）　　　　愛知文教女子短期大学　　　第4章

　　松浦　信二（まつうら　しんじ）　　つくば国際短期大学　　　　第9章

　　宮内　克代（みやうち　かつよ）　　元佐久大学　　　　　　　　第7章

*　山田美津子（やまだ　みつこ）　　　元静岡福祉大学　　　　　　第1章、第2章第1・2節、第3章

* は編者

はしがき

　わが国では、少子高齢化の急速な進行、女性の社会進出などによる家族機能の低下、地域関係の希薄化などにより、社会生活が大きく変化し、それにともなって、ライフスタイルも変化している。私たちの身近なところでは、幸福で豊かな生活を続けていくために解決しなければならない福祉の課題が多い。そして、人々の価値観は多様であり、社会福祉のニーズも複雑多岐にわたっている。

　このような状況にあって、人々が求める社会福祉の課題に応えるためには、今日の社会の大きな変化と、それに対応する社会福祉の動向を学び、社会福祉の身近なニーズをとらえることが大切である。さらに、現実に社会福祉がどのような役割を担っているのか、その必要性を学ぶことも求められる。

　本書は、将来、保育士、社会福祉士、介護福祉士などの社会福祉専門職をめざしている人、あるいは、看護師、栄養士などの社会福祉関連領域において社会福祉の素養を必要とする専門職をめざしている人などが、はじめて社会福祉を学ぶのに相応しいテキストである。

　そのために本書は、身近なところで起こっている社会福祉の課題、具体的な社会福祉の法制度・しくみ、社会福祉の理念や歴史、マンパワー、援助の方法・技術などの理解とあわせて、海外の社会福祉事情や政策動向などについても理解しやすいように工夫をこらしている。本書において、法律等の最新動向を見極めつつ、そのように幅広い視野で社会福祉をとらえる工夫に全力を尽くしたのは、それを学ぼうとする皆さんの社会福祉への主体的な学びの扉を開く出会いを願うからである。

　本書は、2019年の第4版刊行以降に改正された法制度・しくみ、新たな動向をふまえ改訂を行ったものである。

　2023年11月

編　者

第1章 社会福祉へのみちびき

第1節 私たちの生活と社会福祉

1 すべての人々を対象とした社会福祉へ

　現在、わが国においては、長引く不況と少子高齢化の急速な進行、増大の一途をたどる核家族化や女性の社会進出などによる家族機能の変化などにより、私たちの生活は、諸側面において深刻な影響を受けている。私たちの身近なところで貧困や虐待が発生したり、また、子育て、障害者の就労、高齢者の介護など多くの問題を抱えている。このなかには、個人や家族の責任や努力だけでは対応できない問題もある。これらの生活問題を対象とし、個人や家族の責任や努力の限界を超えて社会的に支えるのが「社会福祉」である。

　かつて社会福祉という用語は、特殊な用語としてのイメージがあったが、いまや日常的に広く用いられるようになった。それは、社会福祉が「限定された人々への施策」から「必要なときにいつでも利用できるすべての人への施策」へと変化してきているからである。

　このように、社会福祉に対する人々のニーズは拡大化するとともに、多様化、複雑化してきている。しかし、私たちが社会福祉の充実に期待を寄せている一方で、その財源をどのように確保するかが今日の日本の課題である。

2 各国で展開されている社会福祉

　社会福祉の内実は、各国の歴史的状況のもとでそれぞれの国の風土を反映し、歴史的社会的な現実として展開されている。現在、世界中のほとんどの国では、

何らかの形の社会福祉によって生活支援が行われている。開発途上国において
は、前近代的な慈善、相互扶助、公的救済の域からほとんど出ていないことも
多い。先進諸国においては、20世紀後半から社会福祉の充実に努めたところが
多く、税金や社会保険料などを財源として何らかの形で所得の再分配を図りな
がら社会福祉を発達させてきた。また、それら先進諸国のなかでも社会福祉の
充実度は異なるが、現在、ほとんどの国々が少子高齢社会に突入しており、そ
の対応に力を注いでいる状況にある。

第 2 節　社会福祉とは

1　社会福祉の前段階

　各国の社会福祉のあゆみをたどってみると、それぞれの国の事情によって福
祉思想の歴史的な展開は多少異なるが、いずれの国も慈善事業から社会事業へ、
そして社会福祉へとほぼ同様に展開してきている。そこで、社会福祉とは何か
を理解するためには、その前段階としての慈善事業、社会事業、社会福祉事業
について理解する必要がある。

(1)　慈善事業

　『広辞苑』によれば、慈善とは「あわれみいつくしむこと。情けをかけるこ
と」であり、信仰や善意に基づいて行われる。わが国の場合、聖徳太子や行基
などが行った仏教的慈善が多くみられる。仏教的慈善の基礎は、慈悲である。
　中世のヨーロッパ諸国においては、キリスト教による慈善が多く行われた。
キリスト教では、神の愛の実践として信仰心を高めるための宗教的行為とされ
ている。
　慈善が、組織的、集団的に行われると慈善事業が成立する。慈善事業は、わ
が国においては、明治以降、キリスト教徒や篤志家などによって活発に行われ、
イギリスにおいては、産業革命期に成立し、活発に展開された。
　また、慈善事業は、「施与」を中心とした活動で、対象者を劣等者、下級者、

社会的弱者としてとらえるため、与える側と受け取る側との間に上下の関係が成り立ちやすい。

⑵　社会事業

　わが国において、慈善事業に代わって社会事業という概念が成立し始めたのは、1920年代頃からである。わが国の社会事業は、米騒動を契機とした民衆の社会運動の高まりと大正デモクラシーを基盤として成立した。

　社会事業の定義はいくつかあるが、1950（昭和25）年の第5回国際社会事業会議において社会事業研究所から提出された定義が一般的である。その定義によれば、「社会事業とは、正常な一般生活の水準より脱落・背離し、またはそのおそれのある不特定の個人または家族に対し、その回復・保全を目的として、国家・地方公共団体あるいは私人が、社会保険、公衆衛生、教育などの社会福祉増進のための一般対策とならんで、またはこれを補い、あるいはこれに代わって、個別的、集団的に保護・助長あるいは処置を行う社会的な組織的活動である」とされている。

　この定義から社会事業と慈善事業の違いを述べてみよう。社会事業は、慈善事業の特色ともみられる主観と恣意を排除して客観的、社会的に行われ、その主体は、国、地方公共団体あるいは個人である。対象を単に下級者、劣等者としてあわれむことによってではなく、社会全体のために計画的、科学的、専門的に処遇することを目的とするものである。

⑶　社会福祉事業

　社会福祉事業という言葉は、1951（昭和26）年に社会福祉事業法（現・社会福祉法）が制定されてから用いられることになった。同法では、「社会福祉事業は、援護、育成又は更生の措置を要する者に対し、その独立心をそこなうことなく、正常な社会人として生活することができるように援助することを趣旨として経営されなければならない」とされていた。

　このことは、社会事業と社会福祉事業はほぼ同義で、両者の間に確然とした相違はないことを示している。社会福祉事業法の立案者によると、社会事業の

予防的な側面と積極的な福祉の増進を図るという側面を強調する意味で社会福祉事業という言葉を用いたと説明している。

2 社会福祉の概念

(1) 「社会保障制度に関する勧告」による社会福祉の概念規定

　社会福祉という用語がわが国ではじめて公的に登場したのは、1946（昭和21）年制定の日本国憲法においてである。日本国憲法第25条（生存権）において、「すべて国民は、健康で文化的な最低限度の生活を営む権利を有する。国は、すべての生活部面について、社会福祉、社会保障及び公衆衛生の向上及び増進に努めなければならない」と規定している。ここでは、社会福祉は社会保障、公衆衛生と同列に位置づけられているが、当時はまだ実体のない理念・目標として規定されており、その意味内容も明確ではなかった。これを明確にしたものとして、1950（同25）年の社会保障制度審議会から提出された「社会保障制度に関する勧告」をあげることができる。

　この勧告によると、「社会保障制度とは、疾病、負傷、分娩、廃疾、死亡、老齢、失業、多子その他困窮の原因に対し、保険的方法又は直接公の負担において経済保障の途を講じ、生活困窮に陥った者に対しては、国家扶助によって最低限度の生活を保障するとともに、公衆衛生及び社会福祉の向上を図り、もってすべての国民が文化的社会の成員たるに値する生活を営むことができるようにすることをいうのである」とされ、さらにこのうちの「社会福祉」については、「国家扶助の適用をうけている者、身体障害者、児童、その他援護育成を要する者が、自立してその能力を発揮できるよう、必要な生活指導、更生補導、その他の援護育成を行うことをいう」と規定している。この規定では、社会保障を社会保険、国家扶助、公衆衛生・医療、社会福祉の4部門の上位概念として位置づけるとともに、社会福祉の対象者を一部の要保護階層であると限定し、社会福祉は、指導、更生、援護を要する者に対しての社会的活動であるとしている。このことは、社会福祉と社会福祉事業が同義であることを示している。

(2)　「社会福祉基礎構造改革について（中間まとめ）」による社会福祉の概念規定

　「社会保障制度に関する勧告」以降、社会福祉という用語は、さまざまな意味で理解され、使用されている。この間、多くの研究者が社会福祉の概念規定を提案したが、その概念は多様である。国民の社会福祉に対する考え方も変化してきており、社会福祉に求められるものは増大し、多様化してきた。こうした状況のなかで、1998（平成10）年6月に中央社会福祉審議会の社会福祉構造改革分科会は、「社会福祉基礎構造改革について」の中間まとめを発表した。

　この中間まとめによれば、「これからの社会福祉の目的は、従来のような限られた者の保護・救済にとどまらず、国民全体を対象として、このような問題（生活上の様々な問題）が発生した場合に社会連帯の考え方に立った支援を行い、個人が人としての尊厳をもって、家庭や地域の中で、障害の有無や年齢にかかわらず、その人らしい安心のある生活が送れるよう自立を支援することにある」とされている。この考え方は、今日の社会福祉の概念として広く承認されるところである。

第 3 節　社会福祉と人権

1　人権を守るための宣言、条約と法規

(1)　日本国憲法における人権の保障

　社会福祉を学ぶにあたり、最初にふまえておかなければならないことは、人権である。人権とは、人間が人間として生まれながらにしてもっている権利、つまり、基本的人権のことである。人権の思想は、アメリカ独立宣言、フランス人権宣言など欧米社会の近代化のなかで育まれた。

　わが国において人権を定めた最上位にある法律は、日本国憲法である。日本国憲法第11条には、「国民は、すべての基本的人権の享有を妨げられない。この憲法が国民に保障する基本的人権は、侵すことのできない永久の権利として、現在及び将来の国民に与へられる」と規定されている。また、日本国憲法では、次の人権を保障している。

> ・個人の尊重、生命・自由および幸福追求の権利（第13条）
>
> ・法の下の平等（第14条）
>
> ・奴隷的拘束および苦役からの自由（第18条）
>
> ・思想および良心の自由（第19条）
>
> ・信教の自由（第20条）
>
> ・集会・結社・表現の自由、検閲の禁止、通信の秘密（第21条）
>
> ・居住、移転および職業選択の自由、外国移住または国籍離脱の自由（第22条）
>
> ・学問の自由（第23条）
>
> ・家族生活における個人の尊厳と両性の平等（第24条）
>
> ・生存権および国民生活の社会的進歩向上に努める国の義務（第25条）
>
> ・教育を受ける権利および教育を受けさせる義務（第26条）
>
> ・勤労の権利および義務、勤労条件の基準、児童酷使の禁止（第27条）

　また、わが国では、2000（平成12）年以降、児童、女性、高齢者の「個人の尊重、生命・自由および幸福追求の権利」（日本国憲法第13条）を救済、保護、援助する法律として、「児童虐待の防止等に関する法律」（2000年）、「配偶者からの暴力の防止及び被害者の保護に関する法律」〔2001（同13）年、現・配偶者からの暴力の防止及び被害者の保護等に関する法律〕、「高齢者虐待の防止、高齢者の養護者に対する支援等に関する法律」（2005（同17）年）が相次いで成立した。

(2)　国際的な人権保障の取り組み

　国際的には、1948年に国際連合で「世界人権宣言」が採択された。その第1条において「すべての人間は、生まれながらにして自由であり、かつ、尊厳と権利とについて平等である」と謳い、法的拘束力はないものの、第二次世界大戦後の世界に大きな影響を与えた。1966年には、法的拘束力をもつ「経済的、社会的及び文化的権利に関する国際規約（国際人権A規約）、「市民的及び政治的権利に関する国際規約」（国際人権B規約）が採択され、わが国は、1979（昭和54）年に批准した。

　児童に関しては、1924年の「ジュネーヴ宣言」に続いて、1959年「児童権利宣言」が国連総会で採択された。この宣言の精神をふまえ、児童の権利を包括的に実現するために、法的拘束力をもつ「児童の権利に関する条約」が1989年に採択された。この条約には、児童が生きていくうえで必要と思われるあらゆる権利が含まれている。わが国は、1994（平成6）年に158番目の締約国として批准した。

　障害者に関しては、「障害者の権利に関する条約」が2006年12月の国連総会で採択された。その第1条において「この条約は、全ての障害者によるあらゆる人権及び基本的自由の完全かつ平等な享有を促進し、保護し、及び確保すること並びに障害者の固有の尊厳の尊重を促進することを目的とする」と規定している。わが国は2007（平成19）年9月にこの条約に署名し、2014（同26）年に140番目の批准国となった。

2　人権の尊重と社会福祉の基本理念

　ノーマライゼーションの理念は、1981年の国際障害者年を契機に国際的に浸透して世界の社会福祉の潮流を変えた。ノーマライゼーションとは、直訳すると「正常化」であるが、この理念は、もともと1950年代のデンマークの知的障害者の巨大な収容施設のあり方をめぐるさまざまな問題の反省を出発点とし、障害者と健常者とがともに生活していく社会の実現をめざす取り組みのなかから発展してきた。今日では、障害者のみならず、高齢者や子どもなどあらゆる福祉分野に共通する基本理念として定着し、また、施設中心の福祉から地域福祉、在宅福祉への新しい視点とその対策を提起した。

　また、高齢者や障害者の社会参加や行動を妨げる環境的・制度的・心理的な障壁（バリア）を取り除こうという理念として「バリアフリー」がある。高齢者や障害者が生活をしていくうえで障壁となるものを取り除いて、ノーマライゼーションを実現していくということである。最近では、いまある障壁をなくすバリアフリーの理念から一歩進み、はじめからすべての人に利用しやすい生活環境をデザインする理念として「ユニバーサルデザイン」の実現も図られている。

　このように、基本的人権を重視するノーマライゼーションの理念は、今日の社会福祉の基本理念として確実に定着してきている（p.154参照）。

◆◆◆◆　自学自習のためのヒント　◆◆◆◆

1. 「児童の権利に関する条約」と「障害者の権利に関する条約」を熟読してみよう。
2. 自分の住んでいる地域のバリアフリー、ユニバーサルデザインについて調べてみよう。
3. 自分の身のまわりで、特に児童、障害者、高齢者の人権が侵害されていないかどうか考えてみよう。

【参考文献】

・佛教大学通信教育部編『二十一世紀の社会福祉をめざして―新しいパラダイムの構築』ミネルヴァ書房　2002年
・古川孝順編『生活支援の社会福祉学』有斐閣　2007年
・社会福祉士養成講座編集委員会編『権利擁護と成年後見制度』中央法規出版　2009年
・菊池正治・清水教惠編『基礎からはじめる社会福祉論（第2版）』ミネルヴァ書房　2010年
・山縣文治・柏女霊峰編集委員代表『社会福祉用語辞典（第8版）』ミネルヴァ書房　2010年

第2章　社会福祉のあゆみ

第1節　イギリスの社会福祉のあゆみ

1　中世社会の慈善事業

(1) 中世社会の相互扶助

　中世封建社会は、荘園を基盤とする自給自足経済の上に成り立っていた。荘園は、中世社会の農村機構であり、通常、数百エーカーの土地から成り立っていた。土地所有者である封建領主（貴族）は、農奴に土地を貸与し、生産物の貢納の義務を課したほか、軍事力と裁判権による経済外強制により農奴を支配した。領主にとって農奴は一種の財産であり、農奴の不在は生活の基盤を失うことになる。そこで領主は、自然災害時などには農奴に対して慈恵的な保護救済を行った。

　領主の支配の下で農奴たちが労働し生活する荘園は、それぞれがひとつのまとまりをもつ独立した村落共同体を形成し、地縁的・血縁的な結びつきに基づいた相互扶助が行われていた。

　中世都市にギルド（商人ギルドと手工業ギルド）が形成され、生産量、価格、競争の排除などを規定し、構成員の利益を擁護した。このギルドにおいても団結を保つため、病人の見舞い、寡婦の保護、遺児の保護と教育、葬式代の援助などの相互扶助が行われていた。

(2) キリスト教の慈善事業

　キリスト教による慈善は、初期においては教区を通じて、後には修道院によっ

て行われた。教区の司祭の責任の下で行われた慈善の内容は、貧困者の扶養、寡婦・老人・孤児・病人の保護、死者の埋葬などであった。教会は、その財源を10分の１税に求めた。修道院の慈善は、当時のキリスト教の権威を示し、相対的に大規模な救済をもたらした。中世の盛時には、救治院（hospital）と救貧院（almshouse）が盛んにつくられ、老人、病人、児童などの援助を必要とする人々が収容された。

　キリスト教による慈善は、救済そのものよりも宗教的動機の成就にあったため、中世末期には、怠惰な物乞い、浮浪者を数多く生み出し、無秩序な施与という弊害をもたらした。

2　救貧法の成立と展開

(1)　エリザベス救貧法の成立

　14世紀頃から、第１次囲い込み運動、宗教改革による僧院の解体、ギルドの崩壊などにより多くの貧民が発生した。このような事態に直面した絶対王政は、一連の成文法を制定することにより貧民政策を整備していった。

　1601年に制定されたエリザベス救貧法は、一連の成文法を集大成したものであり、主な内容は以下のとおりである。

①労働能力のある貧民には、強制的に労働させる。

②労働能力のない貧民には、直系血族の扶養義務を前提に、その教区の費用で生活を扶養する。

③児童については、幼少の者は里親に出し、８歳以上の場合、男子は24歳まで徒弟に出し、女子は21歳または結婚するまで家事使用人として働かせる。

④教区を救貧行政の単位とし、教区民から選出された貧民監督官が救貧税の賦課・徴収をする。

⑤教区の救貧行政は治安判事が指揮監督し、その上には枢密院を置く。

(2)　産業革命とエリザベス救貧法の破綻

　17世紀半ばに起きた市民革命の結果、枢密院による救貧行政は廃止され、救貧行政は完全に教区にゆだねられた。その結果、貧民は救貧が十分な教区に移

住するようになったため、移住者の居住権獲得を規制することを目的に1662年に定住法が制定された。1722年には労役場テスト法が制定され、労役場への収容を拒否する貧民は救済を受ける資格を失うことや貧民の請負制度も規定された。

18世紀後半から起こった産業革命により生産力は飛躍的に伸びたが、その一方で、熟練労働者は職を失い、婦人・児童の長時間労働や低賃金が支配し、一般労働者の賃金を引き下げた。1782年のギルバート法は、労役場を老人・病人・孤児・母子など無能力貧民の保護施設とし、労働能力のある貧民の労役場への収容はなくなった。1795年には、貧民対策としてスピーナムランド制度が取り入れられた。この制度は、パンの価格と家族数とにスライドして定められた最低生活基準を算定し、賃金がその基準に満たない者にはその差額を救貧税より手当として支給するものである。この制度は、産業革命期において労働者に対する過渡的救済として一定の役割を果たしたが、雇い主が低賃金を支払っても労働者に救貧税から補助金が出るので、それは労働者のための賃金補助ではなく、雇い主への補助となってしまった。その結果、低賃金の合理化と労働意欲の低下をもたらし、救貧税は増大し事態を悪化させてしまった。

(3) 新救貧法の成立

1820年代の農業労働者の賃金の低落が原因で、各地で反乱が起こった。1832年には、救貧法調査委員会が設置された。委員会は2年間の膨大な調査と検討を経て1834年に報告書を提出した。この報告書に基づき、同年に新救貧法が成立した。その内容は以下のとおりである。

①救済は、全国的に統一した仕方でなされること（均一処遇の原則）。

②被救助者の生活水準は、最低階級の独立労働者の生活水準より低くなければならない（劣等処遇の原則）。

③労働能力のある貧民を労役場に収容し、収容を拒否する者にはいかなる救済も与えない（院内救済の原則）。

新救貧法の目的は、救貧行政の中央集権化と救貧税の増大を阻止することであった。そのため、旧救貧法の厳しい抑圧的なやり方を復活させたものであり、非人道的な救援抑制政策に対してヒューマニストたちから強い反対があった。

3　社会事業の成立

(1)　社会事業の萌芽

　新救貧法の不備を補う役割を果たしたのは、民間の慈善事業であった。数多くの宗教的、人道主義的、博愛主義的な人々が、貧民救済のための民間慈善活動に力を注ぐようになった。それぞれの立場や動機から行うこれらの活動は、相互の連携もなく、ただ偶発的に行われていた。その結果、無差別救済の弊害が大きくなり、慈善事業の組織化が必要になった。そこで、1869年、慈善組織協会（COS：Charity Organization Society）が慈善団体間の連携機関として組織された。COSは、地区委員会を組織して、要救護者を個別的に調査し、その結果を記録して登録し、友愛訪問を行った。また、専門従事者の養成と訓練も行った。この方法は、ケースワークの基礎となった。

　またこの時期、セツルメント運動*1の思想がデニスン（E. Denison）によって主張された。デニスンは、貧困は社会改良によって解決できると考え、貧民教育の必要性を説き、自らスラム街に住み込み、労働者教育とバイブルクラスを行った。この思想をバーネット（S. Barnett）が受け継ぎ、1884年にロンドンのスラム街に最初のセツルメント活動の場であるトインビー・ホールを創設した。セツルメント運動は、慈善事業の非民主性、非科学性を批判し、民主主義と社会改良の認識を喚起させ、慈善事業が社会事業へと移行するひとつの要因となったということができる。

　さらに、19世紀から20世紀にかけて実施された社会調査が、貧困に対する社会科学的認識の進展に大きな力となった。ブース（C. Booth）のロンドン調査やラウントリー（S. Rowntree）の第一次ヨーク調査によって、予想以上に貧民の多い労働者の生活実態が明らかになり、当時の世論に大きな影響を及ぼし、社会改良運動に大きな刺激を与えた。

＊1　セツルメント運動とは、知識人がスラム街に住み込んで、貧民との人格的接触をとおして福祉の向上を図る運動のことである。

⑵　**相次ぐ社会立法の成立と社会事業**

　イギリスは、1873年から始まった大不況の時代を1896年にようやく脱却し、繁栄の時代を迎えた。しかし、労働者の実質賃金は低落し続け、失業率は上昇した。さらに、セツルメント運動や貧困調査の報告などによって、低賃金労働者の生活問題に対する関心が高まり、社会主義運動が展開された。1906年の総選挙で圧倒的勝利をおさめた自由党政府は、この高まった階級闘争に対して、1906年の労働争議法、学童給食法、1907年の学童保健法、1908年の無拠出老齢年金法、炭坑夫8時間労働法、児童法、1909年の職業紹介所法、最低賃金法、住宅都市計画法、1911年の国民保険法（第1部健康保険、第2部失業保険）などの一連の社会改良立法を次々と制定した。

　また、当時の保健相チェンバリン（A. N. Chamberlain）が中心となり、1929年に地方自治法が制定された。この法律によって救貧法は実質的に廃止され、公的扶助へ転換していった。

4　福祉国家と社会福祉

⑴　**「ゆりかごから墓場まで」の福祉国家の成立と展開**

　1941年7月、戦時体制下のチャーチル（W. L. S. Churchill）連立内閣によってベヴァリッジ（W. H. Beveridge）を委員長とする社会保険および関連サービスに関する関係各省委員会が設置された。委員会は、1942年に「社会保険と関連サービス」という報告書を出した。この報告書は、一般に「ベヴァリッジ報告」と呼ばれ、イギリスの社会保障の思想と体系の原点となった。それは、社会政策の一環としての社会保障を、社会保険を通じて実現しようとする政策提言である。社会保険は、包括的な社会政策の一部で所得保障を目的としており、「窮乏」への攻撃であるが、加えて「疾病」「無知」「不潔」「怠惰」の「5大悪」に対する総合的な社会政策への取り組みが必要であると主張している。社会保険は、均一拠出と均一給付によるフラッド・レート制度で、すべての国民にニーズ調査や資産調査とは関係なく普遍的に適用し、最低限度の所得を保障するのがその目標であった。ベヴァリッジ報告は、一般大衆に支持され、イギリスのみならずアメリカでもベストセラーになった。

　ベヴァリッジ報告をふまえて、1945年の家族手当法、国民（産業災害）保険法、1946年に国民保険法、国民保健サービス法、1948年に国民扶助法および児童法が制定され、「ゆりかごから墓場まで」の福祉国家法制が体系化された。

　戦後、政権に就いた労働党は、全予算の20％を社会保障費にあて、社会保障制度の具体化に着手した。しかし、早くも1947年には経済危機となった。第二次世界大戦の戦費と被害は深刻な影響を与え、イギリスは債権国から債務国に転落した。ベヴァリッジ体制の重要な柱に、国民保健サービス法による医療の無料化があった。しかし、政府は朝鮮戦争の勃発にともなう再軍備の必要から、1951年に国民医療費を削減することと患者への一部負担を導入した。翌年には二度にわたり患者負担を拡大したことから、ついに国民保健サービス法の生みの親であったベヴァン（A. Bevan）保健相が「大砲かバターか」の言葉を残して辞任した。

(2)　地方自治体の社会福祉行政

　第二次世界大戦後の社会保障制度関連法により、国と地方自治体の事務分担が明確化された。それにより、地方自治体の社会福祉行政の領域は体系化され、拡大した。国民扶助法おいても地方自治体の児童委員会の責任が明確になった。

　1968年に発表された「シーボーム報告」は、1965年に労働党政府のシーボーム（F. Seebohm）を委員長とするシーボーム委員会に対する諮問への答申で、その内容は、イングランドおよびウェールズにおける地方自治体のパーソナル・ソーシャル・サービスの組織と責任はいかにあるべきかを再検討することであり、家族サービスを効果的に実施するための保障として、何らかの望ましい改革案を考察することであった。

　「シーボーム報告」がコミュニティ・ケアの発展に果たした役割は大きく、この報告に基づいて、1970年に地方自治体社会サービス法が制定された。同法によって、地方自治体は社会サービス部を設置し、パーソナル・ソーシャル・サービスの拠点にした。

5 近年の福祉改革

(1) サッチャーリズム―「福祉国家」攻撃―

1979年の総選挙でサッチャー（M. H. Thatcher）保守政権が誕生した。それまでの福祉国家政策、高福祉高負担政策を推し進めてきた労働党政権に対して、サッチャー政権は「小さな政府」を実現するため、「公費削減」と「民間活力の推進」を柱とする政策を展開した。民間企業の活力を生かすため、ブリティッシュ・ペトロリアム、ブリティッシュ・テレコム、英国航空、ロールス・ロイス、英国ガスなどの公有企業の民営化を推し進めた。また公的部門によって提供されるあらゆる社会サービスは縮小に向かい、その対象は主に住宅政策、社会保障・社会福祉であった。

1990年、サッチャー政権は、増加した医療費を抑制するために、国民に人気のあった国民保健サービスにも改革を持ち込み、「国民保健サービスおよびコミュニティ・ケア法」を成立させた。これにより病院間に競争原理が持ち込まれ、病院サービスの効率化への刺激が強化された。また、コミュニティ・ケアにおいてもサービス提供の民間委託が推進され、競争原理の強化が図られた。

(2) ブレア政権の取り組み

イギリスは、サッチャー政権とその後を引き継いだメジャー（J. R. Major）政権の一連の社会福祉政策に対する揺り返しを体験した。その結果、1997年に世論の圧倒的支持を得て労働党のブレア（A. C. L. Blair）政権が誕生した。ブレア政権は「増税なき改革」を志向し、年金改革、「働くための福祉プログラム」、国民保健サービスなどの改革を行った。このなかの「働くための福祉プログラム」では、働くことが可能な者には、職業訓練、就労あっせんなどを通じて就労を促す政策を積極的に展開した。これによって失業率が下がり、雇用が創出された。

ブレア政権が目指したものは、サッチャー政権が行った諸改革からの完全な転換でもなく、また、労働党左派がいう社会主義でもない新たな「第三の道」であった。

(3) 福祉予算の削減

　2010年に誕生したキャメロン首相の連立政権は、過去最高といわれる財政赤字を解消するため、国民保健サービスや貧困児童対策などは増額したが、児童手当や障害者手当、住宅給付などは、大幅に削減した。

　2012年に制定された福祉改革法は、労働意欲を高めながら社会保障支出の削減を目的として、低所得者向け給付制度の統合を図り、世帯当たりの給付の上限額を設け、不正受給に対する罰則の強化等を定めた。

　2014年には、ケア法（Care Act）が成立した。この法律は、これまでの福祉サービスのシステムを包括的に取り込んだもので、福祉サービス給付の統合化である。

第 2 節　スウェーデンの社会福祉のあゆみ

1　救貧法の成立と展開

　スウェーデンは、1523年にデンマークから独立した。厳しい自然条件のもとで農奴制は成り立たず、小規模な各共同体の秩序によって農民の生活が営まれていた。

　独立の基礎を築いたグスタフ・ヴァーサー王は、宗教改革を行い、ルター派を国教と定めた。それまでのカトリック教会とは異なり、不届きな浮浪者や怠け者と真に救いの手を必要とする貧民とを区別し、国家と教会が一体となって救貧業務を行うようになった。

　1763年には、救貧法が成立した。その内容は、救済はごく一部の都市の貧民にとどめ、各教区の救貧税の徴収を市町村で行うこと、住民は救貧税納入の義務があることを強調したものであった。

　救貧制度が本格的に成立し、体系化されたのは1853年法においてである。同法は、教区の救貧に対する責任、救貧単位の再編成などを定めた。

　19世紀半ばより、スウェーデンにも産業革命が起こり、農村の貧民は仕事を求めて都市へ移動した。しかし、彼らを待ち受けていたのは、失業と住宅難で

あり、深刻な生活困窮を生み出した。1853年法は、これに対応するためのものであったが、その後のスウェーデンでは、1867年から1868年の２年続きの大凶作により、その困窮の度を増した下層農民の北アメリカへの移住が始まった。1860年から1914年頃までに人口の４分の１にあたる約120万人が移住した。

2 救貧法から社会事業へ

工業化の進展にともない、都市人口が増加した。都市における労働者の労働条件は悪く、生活困窮者があふれ、婦人や年少労働者が増加し、住宅問題、青少年の非行の増大など多くの問題が明らかになってきた。この時期を通じて労働組合運動、協同組合運動、禁酒運動、婦人参政権運動などの民主化運動が展開された。

そうしたなかで、労働運動を背景に、1889年、後にスウェーデンにおける社会福祉政策を強力に推し進めた社会民主労働党（社民党）が結成された。その結成当初は、革命的マルクス主義を基調としていたが、ドイツ社会民主党の影響を受け、次第に社会改良主義・人道主義的社会主義へと移行していった。

社民党は、救民策として労働条件の改善を叫び、徐々に勢力を伸ばしていった。そして、1891年には健康保険法、1901年には労働者災害補償法を成立させた。

1900年代に入っても、虚弱な老人や貧困家庭の子どもは救貧院に収容されていた。1924年には児童保護法が制定され、それまでの救貧法から児童関係が独立した。同法により、各自治体に児童委員会が設置され、また保護適用年齢が15歳から18歳に拡大された。

1871年以来、救貧法の対象者の多くは老人であった。1913年には全国民を対象とする世界で最初の年金制度である年金保険法が成立したことにともなってその数は減少した。

この時期は、対象別に独立して法律が制定され、それに基づいた新たな行政機構ができ、処遇が改善されて、救貧法時代から次第に移行した社会事業の開花期といえる時期である。

3 社会福祉の成立と展開

(1) 社会福祉の成立

1929年に始まった世界大恐慌の嵐は、やや遅れてスウェーデンにも波及し、1932年には全労働者の22.4％が失業という事態に追い込まれた。同年に総選挙が行われ、積極的対策を行うことを公約した社民党のハンソン（P. A. Hansson）を首相とする単独内閣が成立した。

ハンソンは、1928年の国会で、社会建設のビジョンを「国民の家」という言葉で表現した。「国民の家」は、スウェーデン型福祉社会建設の理想的な概念となった。

社民党政権が「国民の家」の実現の基盤づくりとして推進したのは、失業対策、住宅政策と家族政策であった。

失業対策としては、公共事業を起こし、そこに失業者を正常な市場賃金で雇用し、また、農業補助金を増額した。それらは国債発行と増税による大胆な方策によってまかなわれた。

社民党のブレーンだったミュルダール夫妻（K. G. & A. R. Myrdal）は、国民によりよい生活環境を保障する住宅政策の重要性を訴えた。狭い住宅と非衛生的住宅の解決が当面の課題であった。1945年から年間5万戸、1960年から1975年に150万戸（途中1965年から1974年に100万戸に変更された）の住宅が建設された。

ミュルダール夫妻共著『人口問題の危機』の刊行を契機に人口減少問題が注目され、国会に人口問題委員会が設立された。1930年代は出生率の低下が大きく、スウェーデンの人口増加率が最低であったことから、扶養する児童の数、収入額に差のある家族間の所得再分配をする家族政策がとられるとともに、1930年代後半から、無料出産、母子福祉センターでの無料検診、新婚世帯に対する国庫貸付、学校給食の国庫補助、児童のいる家庭への住宅政策などが実施された。児童のいる家庭の住宅政策について、当時、ミュルダール夫妻が主張したのは労働者集合住宅であった。また、保育所を集合住宅の必要物であるとして、集合住宅内に共同保育室を設置した。

(2) 社会福祉の拡大

　スウェーデンは、第二次世界大戦において中立の立場をとった。戦争が終結した時点で工業力が温存されていたので、戦後は急速な経済発展を成し遂げた。社民党は、戦後構想のプログラムに掲げた一連の改革を1946年から1948年の3年間に一挙に着手した。それは、1946年の新国民年金法、国民健康保険法、1947年の児童手当法の制定に加え、1948年の新たな住宅政策の発足となった。

　新国民年金法によって、年金額がほぼ3倍に増加し、基本的な生活が保障されるようになり、救貧法の受給者が1945年から1949年までは約3分の1に減った。1958年に年金増額10か年計画が策定され、1960年には国民付加年金法*²が成立した。また、国民健康保険法によって、医療保障が16歳以上のすべての国民に適用されることになった。国民健康保険法は、1962年には、国民基礎年金法、国民付加年金法とともに「国民保険法」に統合された。さらに、児童手当は、すべての16歳未満の児童を対象として実施された。

　一方、社会問題審議会は、救貧を公的扶助に置き換えるべきであると提案し、1956年に社会扶助法が成立した。

　高齢者問題に火をつけたのは、作家で社会評論家でもあるロー・ヨハンソン（I. Lo-Johansson）であった。彼は、老人ホームの状況をさまざまなメディアを通じて報告した。1949年に『老い』という写真集を刊行し、1952年に『老後のスウェーデン』などを出版し、老人ホームという隔離された施設を「姥捨て山」にたとえて告発した。その影響を受けて、1960年には従来型老人ホームが建設中止になり、1970年代になると、高齢者向けのさまざまなケア付き集合住宅が登場した。

4　福祉国家の成立

　戦後の順調な経済発展は、1960年代に入って「黄金の60年代」と呼ばれる未曾有の経済繁栄を実現させた。そのことが、「胎児から天国まで」といわれる福祉国家を成立させるための社会福祉政策を確立させたのである。この高福祉は、

---

　*2　国民基礎年金の上に、給与に比例して支給される国民付加年金の制度。

国民の税金の絶えざる引き上げによって確保されてきた。

　スウェーデンは、1970年代半ばから低成長の時代に突入した。1980年代以降、分権化、民営化、税制改革、年金改革など福祉国家システムの根幹部分について改革や再編が行われ、福祉国家の危機を耐え忍んだ。さらに2008年の世界金融危機による不況後は、いくつかの市場が緩和され、租税も削減され、社会保障の給付水準は引き下げられた。しかしながら、今なおスウェーデンは福祉国家中の福祉国家である。

(1)　児童・家族福祉政策

　スウェーデンは、早くから子どもの福祉を重視した家族政策を導入し、1970年以降、男女双方の仕事と育児の両立を目指すための施策を打ち出した。

　1974年に両親保険が制定され、両親休暇（父母対象の育児休暇）・その間の所得保障となる両親給付と子どもの看護休暇が導入された。この両親保険は、世界で初めて母親のみならず父親も対象としており、スウェーデンの育児・家庭支援策のなかで最も特徴的な制度である。

　この制度によって両親休暇は6か月であったが、2012年には18か月になった。1995年には、両親休暇期間のうち1か月を父親と母親にそれぞれ割り当てる「パパの月・ママの月」が導入され、2016年には3か月に延長された。

　両親給付については、制度の開始時は所得の90％の保障であったが、その後、390日間は所得の80％、その後の90日間は、1日につき定額の180クローナが支給される。

　子どもの看護休暇時の「一時両親給付」は、生後8か月から12歳に達するまでの子ども1人につき年間120日間、所得の80％支給される。

　児童手当は、1948年から導入され、16歳未満のすべての児童を対象に所得要件も国籍要件もなく支給された。これは、スウェーデンの社会保障における普遍的給付を特徴づける制度といわれている。また、1982年には多人数家族手当が導入され、2018年からの児童手当は月額第1子は、1,250クローナ[*3]、第子

＊3　1クローナ＝13.25円（2023年9月1日現在）

は2,650クローナ、第 3 子は4,480クローナ、第 5 子は9,240クローナ、第 6 子以降は11,740クローナである。

　高度経済成長にともなう女性就労率の増加により、1960年代になると、保育所不足を生み出した。1982年に施行された社会サービス法が推進力となって1980年代後半から1990年代にかけて公立保育所の増加が進んだ。1998年に保育に関する規則が社会サービス法から学校法に移管され、それにともない、保育所は就学前教育と名称が変わり、小学校との連携を重視することになった。

(2)　障害者福祉政策

　知的障害者への対応は、1954年に「知的障害者の教育と保護に関する法律」が制定され、教育の対象が中度の知的障害児にまで拡大した。1968年に制定された知的障害者援護法において、はじめてノーマライゼーションの考え方が法文化された。同法は全員就学を制度的に確立し、グループホームを試み、入所施設中心のあり方の見直しによる居住環境の改善を盛り込んだ。さらに、1985年に精神発達遅滞者等特別援護法が制定されたことにより、収容施設が次第に閉鎖され、グループホームが主流となった。

　1982年に施行された社会サービス法においては、次に掲げる権利とサービスの提供が定められた。

①地域共同社会に参加し、ほかの人々と同じように生活する可能性を享受する権利。

②有意義な仕事に就き、自己の特別なニーズに適した方法で生活することができる権利。

③社会委員会は、身体的および精神的機能障がいを有する人々の市内における生活状況に精通しなければならない。また、そのための施策を計画しなければならない。

　1994年には「特定の機能障害者に対する援助およびサービスに関する法律」（LSS法）が施行され、特に重度障害者の権利が守られ、障害者の自立に必要な援助とサービスが具体化された。

(3) 高齢者福祉政策

1950年代から老人ホームの数は減少し、1970年代後半から1980年代にかけて多くのサービスハウス（ケア付き集合住宅）が建設された。一方、救急病院のベッドが慢性疾患をもつ高齢者によって長期占拠されるという事態が進み、1960年代、1970年代に長期療養病棟の量的整備がランスティング（日本の広域連合に相当する地方自治体のひとつ。2019年にレギオンと改称）の医療当局によって行われた。1980年代になると、長期療養病棟における高齢者の社会的入院の増加、医療費の急激な増加などが問題となり、1992年にエーデル改革が行われた。

エーデル改革の主な内容は、次のようである。①ランスティングが所管していた長期療養病棟や地域療養ホームをナーシングホームという形でコミューンに移管する。これにより、ナーシングホームの位置づけは医療施設から福祉施設へと変更した。②サービスハウス、ナーシングホーム、老人ホーム、グループホームは、「介護付き特別住宅」と位置づけられた。③医療ケアが終了したと判断された高齢者の居住の場の確保はコミューンの責任とすること。④そのために国は、認知症高齢者用のグループホームの建設、ナーシングホームの個室化に対して国庫補助を行う。

この改革により、ランスティングの看護師、作業療法士、理学療法士など医師を除く医療スタッフ約5万人がランスティングからコミューンに移動した。

エーデル改革以降、高齢者住宅の分類は、「介護付き特別住宅」のみであったが、2019年4月から、新たに「安心住宅」という軽度者向けの住宅が登場した。また、介護付き特別住宅は、コミューンが所有し、運営の民間委託が増えていたが、安心住宅は、不動産部分も民間事業者所有が可能になり、高齢者介護の市場化傾向が一気に強まっている。

(4) 社会サービス法

社会サービス法とは、1954年の節酒法、1956年の社会扶助法、1960年の児童福祉法、1977年の幼児保育法を統合し、発展させた法律であり、1982年に施行された。社会サービス法は、社会福祉すべてにわたる基本法である。第1条の

「社会サービスの目的」には、「公的社会サービスは、民主主義と連帯とを基盤に、市民の経済的、社会的保護、生活上の平等および社会生活への積極的参加を促進しなければならない。社会サービスは、市民各々の社会的境遇に対する自己責任に考慮しながら、個人およびグループ生来の資源を開放、発展させなければならない。活動は個人の自己決定とプライバシーの尊重に基づいて行われなければならない」と規定している。

　社会サービス法はフレームワーク法であり、サービスの基準など詳細についての判断と決定は、それぞれのコミューンに自由裁量権を与えている。第3条ではコミューンの最終責任について、第6条ではコミューンの最大責任について規定している。また第19条では、福祉サービスの料金をコミューン議会で決定できることが規定されている。同法は、施行から10年を過ぎた2002年には、社会扶助、児童、高齢者分野における一部改正が行われた。

第 3 節　日本の社会福祉のあゆみ

　日本の社会福祉のあゆみを学び、その時代の背景を把握することは、現代の社会福祉の問題点を明らかにすることにたいへん有意義である。

　わが国の社会福祉は、明治時代以前にみられた慈恵的・救済的な精神に基づくものであった。この考え方は、現代でも福祉対策の現場に少なからず影響を及ぼしている。

　これまでみてきたように、西欧の社会福祉も慈恵思想に基づいている。しかし、西欧では、早くから救済は行政の義務と規定し、国民の権利として認めていたという点で、わが国の場合と大きな相違がある。

　ここでは、古代より現在に至る日本の社会福祉の歴史を明らかにするとともに、現在の社会福祉のもつ課題について学んでみたい。

1　古　代

　『日本書紀』には、大化前史（7世紀中頃以前）における百姓窮乏の状況やその対策について、3年間の課役を免除した例や、貧窮の者を救済したこと、ま

た、近隣地域の稲を運んで相互救助したことなどが記されている。しかし、わが国の社会福祉の始まりは、大化改新以降であると考えられる。なぜなら、『日本書紀』については、その記述が必ずしも正確でない部分の多い時代のことであり、当時の救済政策を知るうえでの積極的な史料とはなりがたく、『荒陵寺御手印縁起』には、聖徳太子が敬田院、施薬院、療病院、悲田院の四箇院を建立し、病人、貧窮、孤独などの者を救済しようとしたことが記されているが、この史料もその成立が平安時代頃と考えられていることから記述内容に信をおくことは躊躇せざるをえない。また、身体障害者の保護を図ろうとする公約や私的な制度などの存在をうかがわせるような史料もまた管見の及ぶ限り皆無であると言わざるをえないからである。

　そもそも、一般に原始社会においては、自然との闘いの連続が日常生活における大きな要素を形成していたため、共同体内部に労働能力の劣る者が存在すると、その共同体の不利益につながることが多く、著しい場合は共同体自身の破滅をもたらすことすら考えられた。したがって、こうした身体障害者の存在を否定し、共同体外へ追放することは、その成員の義務とされていたようである。

　以上から考えると、大化前代は、およそ福祉という点については、歴史上しばしば社会的弱者の救済活動を支える思想的基盤となった仏教および儒教的博愛精神がいまだ定着していない時代であった。わが国の大化前代においては、共同体および為政者の利益を優先する発想や慣行があったことを考えると、救済政策・救済施設はほとんど存在しなかったと思われる。

　『日本書紀』にみられる救済政策も為政者に博愛精神の具備が求められるようになった時代に当該史料が成立していることを考えれば、飛鳥・奈良時代以降の救済思想を反映したものととらえるほうが適切である。したがって、わが国における社会福祉の始まりは、大化改新以降のいわゆる中古社会に求めることが適切であろう。

　わが国の大化改新以降の律令国家における救済制度は、中国の影響を受けており、戸令目盲条の身体障害者の定義および鰥寡条の救済対象者の規定は、中国の唐令中に同様の規定がある。また、唐の開元27年戸令に救済を要すべき対

象者と救済内容についての規定があり、わが国の養老律令の戸令のなかの鰥寡条にも、ほとんど同様の内容がある。

　このように、わが国の救済制度は、中国の制度を模倣したことは明らかである。また、中国では皇帝の即位・改元時や天災などの自然災害に際して、しばしば臨時の賑給などが行われていたが、わが国においても、同様に賑給が行われていることは、為政者の儒教的精神が法とともに継受されたことを物語っている。

2　中　世

　中世における救済制度の特徴は、非体系的・臨時的かつ局部的であった。
　鎌倉幕府法における救済関係法令としては、寛喜年間（1229～1231年）における天変地異による飢饉の影響により、人倫売買の禁止、路上放棄の禁止などの救済対策が行われた。
　「御成敗式目」（1232（貞永元）年）のなかで、領主に対して農民の土地緊縛を禁止した。その内容は、経済的理由による逃亡農民の遺留した家族ならびに財産に対する侵害を禁止し、未済相当分についてのみ清算行為を認めた。
　また、この時代において、民間における弱者救済事業には、重源・明恵・日蓮・叡尊・忍性ら仏教徒の活動が目立ったが、なかでも忍性は、各地に悲田院や施薬院を設立して農民・病者などの救済をした。
　室町時代は、政情不安が続き、朝廷・幕府とも救済政策の余裕を失っていた。しかし、「建武式目」（1336（建武3）年）には、農民の訴訟を軽んずべからざることと記されている。
　戦国時代は、織田信長が鰥寡孤独の者への扶持給与を命じたこと以外、ほとんど救済制度は見当たらない。

3　近　世

　江戸時代の支配制度は、幕藩体制をとっていた。幕府自身による直接支配は天領のみであった。約4分の3を占める大名領分については、立法権・司法権・行政権をもっており、独自の法体系である藩法によって領内の施策にあたって

038

いた。幕府は、これらの藩法支配に対して強力な監督と統制を加えることにより間接的人民支配を行うとともに、必要な範囲においては直接的な支配を実施し、全国統治の体制を整えた。

　しかし、救済については、古代の律令国家にみられるような体系的な法典に基づいて行われていたのではなく、その多くは臨時的で、窮民の出現に対する対症療法的な救済が多かった。為政者は、窮民救済を君主たるべき者の職務のひとつとする理念をもっており、儒教的博愛精神に基づく慈恵救済をたびたび実施した律令国家の朝廷と類似していた。藩主の場合は、知行地の経営がただちに財政に影響を及ぼすだけに、こうした王道的政治理念以外にも、さまざまな救済施策を行い、村落の分解を防止しようとした。

　また、村請制を基礎とした支配体制により、村内の相互監察を目的として組織された五人組は、窮民救済についても、相互扶助的な役目を担った。しかしながら、相互監視機能によるために、相互扶助による救済は必ずしも十分な効果を発揮しえなかった。

　江戸時代は、飢饉、物価騰貴、火災、疫病のまん延などによる窮民の増加を警戒し、随時各種の救済を実施している。その具体的な方法は、主として米穀の救恤が多く、天明の大飢饉が発生したときなどにも、救恤のため、米代金を支給している。また、「七分積金の法」「窮民御救起立」「町会所の救済」「棄児・迷子・置去妻子」対策などが主に行われた。

4　近　代

　維新政府は、1871（明治4）年に廃藩を行い、府県の統廃合を実施して、三府七十二県による中央集権的地方制度を整備した。この廃藩置県は、窮民救助についての政策に影響を与え、明治時代の基本的救済法として、1929（昭和4）年の救護法制定までその効力を継続し、その後の恤救規則が成立した遠因ともなった。

　1890（明治23）年に第1回帝国議会に提出された「窮民救助法案」は、「恤救規則」（1874（同7）年）、「棄児養育米給与方」（1871（同4）年）、「行旅死亡取扱規則」（1882（同15）年）などを改正して一括した公的扶助法の近代化を開

く画期的な法案であった。明治政府が法案を提出することにふみ切った背景には、過剰生産恐慌と、それに加えての米価騰貴などが起き、貧民暴動が各地域で起き始めたことがある。しかし、法案は廃案となってしまった。その理由は、地方団体の負担増と惰民の助長を危惧してのことだった。その後にも、「恤救規則」「救貧税法案」が提出されたが、いずれも成立しなかった。

　明治初期以来、政府は治安を維持し、各種社会不安をなくす必要性からも救貧政策を実施してきたが、財政上の制約により公的救済を制限した。

　第一次世界大戦に便乗した生産拡大がもたらした好況の反動として、1920（大正 9 ）年に恐慌が発生し、労働者の解雇にともない、窮民の急激な増加や物価騰貴など、恤救規則の不備を露呈するような社会問題が続発した。政府は、「職業紹介法」（1921（同10）年）、「労働者募集取締令」（1924（同13）年）などによって失業者の就業対策を行った。

　1923（大正12）年、関東全域から静岡県、山梨県にかけて発生した関東大震災は、全焼・全壊57万戸、死者・行方不明14万人いう大被害をもたらし、震災恐慌の事態になった。政府は、「震災手形割引損失補償令」を公布して銀行資本の救済にあたったが、第一次世界大戦後の不良貸付分を多く含んだ震災手形の決済は進まず、1927（昭和 2 ）年、ついに金融恐慌を引き起こした。その結果、困窮者はますます拡大し、労働争議や小作争議を激化させることになった。

　政府は、このような社会情勢に対応するために、1926（大正15）年、内務省社会局内に社会事業調査会を設置し、恤救規則に代わる新法の立案に着手し、1929（昭和 4 ）年、ついに「救護法案」を第56回帝国議会へ提出した。同法案の特徴は、はじめて公的扶助義務を認めた点である。

　救護の実施機関は、救護を受ける者の居住地の市町村長と定め、救護費用も被救護者の居住地の市町村長が負担することを規則とした。また、救護対象は、①65歳以上の老衰者、②13歳以下の幼者、③妊産婦、④不具廃疾、疾病、傷痍その他精神または身体の障害により労務を行うことに支障のある者が貧困のために生活できない場合としており、労働能力者は除外された。

　救護の種類は、①生活扶助、②医療扶助、③助産扶助、④生業扶助の 4 種とし、居宅救護を原則としたが、居宅救護が不可能な場合のみ救護施設その他に

おける収容救護をとることとした。こうした救護方法は、以前からの家族制度や隣保相扶のしくみを念頭において定められたものであった。

　この法案は議会で通過したものの、1932（昭和7）年にようやく実施された。

5　現　代

(1)　占領期の社会福祉制度の確立期—福祉三法体制—

　満州事変、日中戦争から太平洋戦争へと戦局が拡大していくなかでは、「救護法」よりも「軍事扶助法」「戦時災害保護法」などによる救済が中心であったが、第二次世界大戦後は、戦争による被災者、孤児、浮浪児、引揚者、身体障害者などへの援助や保護が中心となった。連合国軍総司令部（GHQ）は、1945（昭和20）年に日本政府に対して、救済・福祉計画における無差別平等と最低生活維持の原則を示し、生活困窮者の具体的な救済計画を提出するように求めた。これを受けて政府は、「生活困窮者緊急生活援護要綱」を閣議決定するとともに、具体的実施策としての「救済福祉に関する件」をGHQに提出し、1946（同21）年9月、「(旧)生活保護法」〔1950（同25）年に全面改定〕が公布された。(旧)生活保護法は、従前の救護法に比べてさらに徹底した公的扶助義務の内容をもつものであった。

　1946（昭和21）年11月に公布された日本国憲法では、生存権（第25条）の保障、また、第13条の幸福追求権、第14条の法の下の平等原則などが謳われた。1950（同25）年5月には、日本国憲法第25条で保障された生存権の規定に基づき、「(新)生活保護法」が公布された。また、この「(旧)生活保護法」の改定前には、孤児や浮浪児への対策として「児童福祉法」（1947（同22）年）が、戦争により増大した戦傷病者を救済するために「身体障害者福祉法」（1949（同24）年）が相次いで制定されたことにより、「福祉三法」体制となった。

　1950（昭和25）年、社会保障制度審議会は、これまでの応急的な社会保険や社会事業ではなく、一貫した理念をもった社会保障制度を整備・確立するために「社会保障制度に関する勧告」を行った。1951（同26）年には、社会福祉事業が公明かつ適正に行われるように「社会福祉事業法」〔2000（平成12）年「社会福祉法」に改題・改正〕が制定され、社会福祉事業の定義、社会福祉法人の

創設、福祉事務所の設置、社会福祉協議会の設置について規定された。

(2)　高度経済成長と社会福祉制度の拡充期─福祉六法体制─

　1960年代、日本は、池田内閣の経済優先の政策によって高度経済成長期に入った。高度経済成長の過程では、国民生活の消費水準は向上したが、若年人口の著しい都市集中化をもたらし、また、扶養意識の変化などにより、核家族世帯や高齢者世帯（高齢のひとり暮らし世帯や高齢の夫婦のみの世帯など）が増加した。家庭基盤が脆弱化しつつあり、障害者などの扶養や配偶者の離死別に対処する必要性も大きくなってきた。これに対して、従来の福祉三法に加えて、1960（昭和35）年に「精神薄弱者福祉法」〔1998（平成10）年「知的障害者福祉法」に改題・改正〕、1963（昭和38）年に「老人福祉法」、1964（同39）年に「母子福祉法」〔1981（同56）年「母子及び寡婦福祉法」に、2014（平成26）年「母子及び父子並びに寡婦福祉法」に改題・改正〕が相次いで制定され、いわゆる「福祉六法」体制が確立した。また、1958（昭和33）年に国民健康保険法が改正、1959（同34）年に国民年金法が制定された。1961（同36）年度からの国民年金制度の実施により、国民皆保険・皆年金の体制が整った。

(3)　低経済成長による社会福祉見直し期─第二臨調による見直し─

　政府は、1973（昭和48）年を福祉元年と位置づけ、社会保障制度の大幅な拡充を行った。具体的には、老人医療費支給制度の創設（70歳以上の高齢者の医療費の自己負担無料化）、医療保険制度では、健康保険の被扶養者の給付率の引き上げ、高額療養費制度の導入、年金保険制度では、給付水準の大幅な引き上げと物価スライド制・賃金スライド制の導入などがあげられる。しかし、この直後の同年秋に、第四次中東戦争が勃発して石油危機（オイルショック）が起こり、日本経済は低成長時代に転換した。1979（同54）年、国家の経済計画である「新経済社会7ヵ年計画」で今後の日本の社会が進むべき基本的方向として、「日本型福祉社会」の実現が求められているということが示された。

　経済不況によって税収の伸びは鈍化する一方で、経済対策として財政支出が増え、その後、財政赤字が拡大した。国債に依存した財政状況から「増税なき

財政再建」を達成するために、1980（昭和55）年、第二次臨時行政調査会が発足して行財政改革が進められ、緊縮財政に移行した。

　また、老人医療費の無料化以降、過剰受診などを引き起こし、大きな財政負担となっていたことから、1982（昭和57）年、壮年期である40歳からの健康づくりや老人医療費の一部自己負担を導入した「老人保健法」〔2006（平成18）年に「高齢者の医療の確保に関する法律」に改題・改正〕が制定された。

　年金制度では、1985（昭和60）年に、職域集団ごとに分立していた制度を見直し、翌1986（同61）年から国民のすべてに共通した基礎年金制度を導入した。

(4) 少子高齢社会への対応と社会福祉の新しい展開

　1980年代頃からは、高齢化社会から高齢社会への急速な転換が具体化し、高齢者の介護に対する取り組みが最重要課題となってきた。

　1989（平成元）年には、「高齢者保健福祉推進10か年戦略」いわゆるゴールドプランによって具体的な目標値を掲げ、在宅サービスや施設サービスの基盤整備を進めていくための計画が打ち出された。

　子ども家庭福祉分野では、1994（平成6）年、「21世紀福祉ビジョン～少子・高齢社会に向けて～」に示された提言内容に基づき、「今後の子育て支援のための施策の基本的方向について」（エンゼルプラン）が発表された。

　障害者福祉分野では、1993（平成5）年に「心身障害者対策基本法」（1970（昭和45）年）が全面改正され、「障害者基本法」が制定された。これを受けて、1995（平成7）年、障害者施策をより計画的に推進するために具体的な数値目標を定めた「障害者プラン～ノーマライゼーション7か年戦略～」が策定された。

　以上、1990年代前半までの社会福祉や社会保障の流れを概観してきた。この後、1997（平成9）年の介護保険法の成立と児童福祉法の改正による保育所入所方式の変更、社会福祉基礎構造改革が進められていく。社会福祉基礎構造改革以降については、第3章で述べる。

表2−1　戦後から1990年代前半までの日本の主な社会福祉関連施策年表

1946（昭和21）年	日本国憲法公布 （旧）生活保護法制定
1947（昭和22）年	児童福祉法制定
1949（昭和24）年	身体障害者福祉法制定
1950（昭和25）年	（新）生活保護法制定（福祉三法体制） 精神衛生法[1] 制定
1951（昭和26）年	社会福祉事業法[2] 制定
1954（昭和29）年	厚生年金保険法改正
1958（昭和33）年	国民健康保険法改正（国民皆保険）
1959（昭和34）年	国民年金法制定（国民皆年金）
1960（昭和35）年	精神薄弱者福祉法[3] 制度
1961（昭和36）年	児童扶養手当法制定
1963（昭和38）年	老人福祉法制定
1964（昭和39）年	母子福祉法[4] 制定（福祉六法体制）
1970（昭和45）年	心身障害者対策基本法[5] 制度
1971（昭和46）年	児童手当法制定
1978（昭和53）年	ショートステイ事業、デイサービス事業の実施
1989（平成元）年	高齢者保健福祉推進10か年戦略（ゴールドプラン）策定
1994（平成6）年	21世紀福祉ビジョン〜少子・高齢社会に向けて〜 今後の子育て支援のための施策の基本的方向について（エンゼルプラン）策定 新・高齢者保健福祉推進10か年戦略（新ゴールドプラン）策定
1995（平成7）年	障害者プラン〜ノーマライゼーション7か年戦略〜策定

注1：現・精神保健及び精神障害者福祉に関する法律。
　2：現・社会福祉法。
　3：現・知的障害者福祉法。
　4：現・母子及び父子並びに寡婦福祉法。
　5：現・障害者基本法。

◆◆◆◆　自学自習のためのヒント　◆◆◆◆

1．歴史をふまえて、スウェーデンの高福祉高負担の現状を調べてみよう。
2．イギリスの福祉国家とスウェーデンの福祉国家を比較してみよう。
3．日本の社会福祉と西欧の社会福祉について比較してみよう。

【参考文献】

- 高島進『社会福祉の歴史―慈善事業・救貧法から現代まで』ミネルヴァ書房　1995年
- 小田兼三『現代イギリス社会福祉研究―日本からみた理論・政策・実践と課題』川島書店　1993年
- 一番ヶ瀬康子・高島進編『社会福祉の歴史』有斐閣　1981年
- 小山路男『西洋社会事業史論』光生館　1978年
- 右田紀久恵・高澤武司・古川孝順編『社会福祉の歴史―政策と運動の展開』有斐閣　1977年
- 仲村優一・阿部志郎・一番ヶ瀬康子編『世界の社会福祉年鑑2001』旬報社　2001年
- 宇佐見耕一・小谷眞男・後藤玲子・原島博編『世界の社会福祉年鑑2011』旬報社　2011年
- 宇佐見耕一・小谷眞男・後藤玲子・原島博編『世界の社会福祉年鑑2013』旬報社　2013年
- 宇佐見耕一・小谷眞男・後藤玲子・原島博編『世界の社会福祉年鑑2021』旬報社　2021年
- 藤井威『スウェーデン・スペシャルⅠ―高福祉高負担政策の背景と現状』新評論　2002年
- 藤井威『スウェーデン・スペシャルⅢ―福祉国家における地方自治』新評論　2003年
- 高島昌二『スウェーデン社会福祉入門―スウェーデンの福祉と社会を理解するために』晃洋書房　2007年
- 井上誠一『高福祉・高負担国家スウェーデンの分析―21世紀型社会保障のヒント』中央法規出版　2003年
- 岡沢憲芙・宮本太郎編『スウェーデンハンドブック（第2版）』早稲田大学出版部　2004年
- 訓覇法子『現地から伝えるスウェーデンの高齢者ケア―高齢者を支える民主主義の土壌』自治体研究社　1997年
- 高島昌二『スウェーデンの家族・福祉・国家』ミネルヴァ書房　1997年
- 厚生労働省編『世界の厚生労働2017』情報印刷　2017年
- 稲葉光彦『日本社会福祉制度概説』慶應通信　1991年
- 稲葉光彦『窮民救助制度の研究』慶應義塾大学　1999年
- 利光三津夫『律令制の研究』慶應通信　1981年

第3章 変革期の社会福祉

第1節 社会福祉基礎構造改革

わが国の社会福祉制度の基礎構造ともいえる枠組みは、1951（昭和26）年に制定された社会福祉事業法（現・社会福祉法）に定められていた。当時は、戦後の混乱期であり、低所得者などを対象とした行政処分による一律のサービス提供が行われていた。その後、社会福祉は、経済成長とともに発展を遂げてきた。しかし、少子高齢化や国際化の進展、低経済成長への移行をはじめとする構造変化により、社会福祉に対する国民の意識も大きく変化してきた。50年間維持してきた基本的枠組みは、時代の要請にそぐわなくなったことから改革が行われることになった。

この改革は、1990年代の主として財政事情を背景とした改革とは異なり、社会福祉の理念を根底から変えた改革である。社会福祉は「上から与えられるもの」あるいは「してあげるもの」ではなく、福祉サービスの利用者が、提供者と対等な関係となってサービスを選択できるように、権利としての社会福祉を確立したのである。

1 社会福祉改革の先駆け

(1) 福祉関係八法改正

今日の社会福祉をめぐる改革の先駆けとなったのは、1989（平成元）年3月の福祉関係三審議会合同企画分科会による意見具申「今後の社会福祉のあり方について」である。

この意見具申では、今後の社会福祉制度の基本的な方向性が示された。その

基本的な考え方として、市町村の役割の重視、在宅福祉の充実、民間福祉サービスの健全育成、福祉と保健・医療の連携強化・総合化、福祉の担い手の養成と確保、サービスの総合化・効率化を推進するための福祉情報の提供を提示した。

　この意見具申を受けて、1990（平成2）年には「老人福祉法等の一部を改正する法律」が成立した。これは老人福祉法、身体障害者福祉法、知的障害者福祉法、児童福祉法、母子及び寡婦福祉法（現・母子及び父子並びに寡婦福祉法）、社会福祉事業法（現・社会福祉法）、老人保健法（現・高齢者の医療の確保に関する法律）、社会福祉・医療事業団法（2002（同14）年に廃止）の八法の改正を行ったもので、「福祉関係八法改正」と呼ばれている。

　主な改正の内容として、①在宅福祉サービスを社会福祉事業として位置づけ、積極的に推進すること、②高齢者や障害者の福祉サービスを市町村が一元的に提供すること、③市町村および都道府県に対して、老人の保健サービスと福祉サービスの実施目標などに関する「老人保健福祉計画」の策定の義務づけ、④障害者関係施設の範囲の拡大などが行われた。

(2)　保育制度改革

　1980（昭和56）年3月以降、いわゆるベビーホテル問題が浮上してから、保育所に多様な保育需要への対応が求められるようになった。1993（平成5）年2月に発足した「保育問題検討会」（厚生事務次官の私的諮問機関）は、保育所入所のしくみである「措置制度」について本格的な議論を行ったが、結論を得るに至らなかった。同年5月、「これからの保育所懇談会」（厚生省児童家庭局長の私的諮問機関）は、「措置制度」が多様な保育ニーズに対応することを困難にしているのではないかとし、特定の場合には措置によらない入所方式の導入などを提案した。その後、1995（同7）年の政府の経済計画などが「規制改革」の一環として「利用者が保育所を選択できる制度の導入」を謳ったことを受けて、1997（同9）年に児童福祉法の改正が行われた。この改正により、保育所に選択利用方式が導入された。この方式は、保護者が希望する保育所に申し込み、それを受けて決定することから、契約的要因が付与されることになった（p.68参照）。

　「少子化対策」として、1994（平成6）年には、「21世紀福祉ビジョン〜少子・

高齢社会に向けて～」に示された提言内容に基づき、文部省、厚生省、労働省、建設省の 4 大臣の合意による「今後の子育て支援のための施策の基本的方向について」（エンゼルプラン）が策定された。また、その具体化の一環として「緊急保育対策等 5 か年事業」がまとめられ、1999（同11）年度までの低年齢児保育、延長保育、一時的保育等の数値目標が掲げられた。続いて1999年には、大蔵省、文部省、厚生省、労働省、建設省、自治省の 6 大臣の合意による「重点的に推進すべき少子化対策の具体的実施計画について」（新エンゼルプラン）が策定され、低年齢児の保育所受け入れ枠の拡大、延長保育の推進など多様な需要に応える保育サービスの推進、保育所の設置主体制限の撤廃、保育所の定員要件の緩和、保育所の運営にかかる不動産の自己所有制限の緩和などに取り組むことになった。

⑶　介護保険制度の創設

　日本の平均寿命は、世界最長水準である。しかし、寝たきり状態、認知症、虚弱など自立して暮らすことができない高齢者が増加している。その一方で、核家族化の進行や家族機能の低下により、家族に全面的に依存した介護も困難な状況が生まれてきた。要介護者を抱える家族に心身両面にわたる過重な負担がかかり、家族の人間関係が損なわれたり、高齢者虐待、介護離職、介護離婚、老老介護などさまざまな社会問題が現れてきた。

　このような介護問題の広がりに対して、福祉および医療の分野からの取り組みが始まった。1982（昭和57）年に制定された老人保健法（現・高齢者の医療の確保に関する法律）のもとで、1986（同61）年には老人保健施設、1991（平成 3 ）年には老人訪問看護制度が創設された。1989（同元）年には、厚生省、大蔵省、自治省の 3 大臣の合意に基づく「高齢者保健福祉推進10か年戦略」（ゴールドプラン）が策定され、サービス基盤が計画的に整備されることになった。このゴールドプランを円滑に進めるために、1990（同 2 ）年には福祉関係八法が改正され、前述のとおり、在宅福祉サービスの積極的な推進、在宅・施設サービスの実施にかかる権限の市町村への一元化、地方自治体における老人保健福祉計画策定の義務づけなどが行われた。

　その後、介護問題を社会的に解決しようとする提言が次々に打ち出され、ま
た、福祉と医療の垣根を越えた総合的な施策が求められるようになった。そし
て、介護保険制度の検討が始まり、1997（平成 9 ）年に介護保険法が成立し、
2000（同12）年 4 月から施行された。

　介護保険制度発足以前、高齢者に対する公的な介護サービスは、公費を財源
とした「措置制度」を中心に提供されていた。介護保険は、第二次世界大戦以
降わが国の社会福祉の主軸であった「措置制度」から「契約制度」へと切り替
わったのである（p.68参照）。

┃ 2　社会福祉基礎構造改革とは何か

　前述のように、保育や高齢者介護に関する福祉サービス利用が、措置制度か
ら利用契約制度へ転換したことにともない、社会福祉全般に関して福祉サービ
ス利用に関する制度を見直すことが求められた。1997（平成 9 ）年からの中央
社会福祉審議会社会福祉構造改革分科会などの議論により、1998（同10）年 6
月「社会福祉基礎構造改革について（中間まとめ）」が公表された（図 3 - 1 参照）。

　中間まとめでは、昭和20年代につくられた戦後日本の社会福祉の基本的枠組
みは大きな変更がないまま50年間維持されてきたが、今日の社会福祉を取り巻
く状況は大きく変化し、時代の要請にそぐわなくなり、抜本的に改革する必要
があると説いている。ここでいう基本的枠組みとは、社会福祉に対する基本的
な考え方、サービスを供給する体制、利用に関するしくみなど、社会福祉のす
べての分野に共通する基礎構造である。この基礎構造を改革するために、2000
（平成12）年「社会福祉の増進のための社会福祉事業法等の一部を改正する等の
法律」が成立し、社会福祉事業法、身体障害者福祉法、知的障害者福祉法、児童福
祉法、民生委員法、社会福祉施設職員等退職手当共済法、生活保護法の一部が改
正され、公益質屋法が廃止された。また、社会福祉事業法は「社会福祉法」と改
称されることになった。この八法改正が社会福祉基礎構造改革と呼ばれている。

　改革の内容は次の 4 つである。

①利用者の立場に立った福祉制度の構築である。これまでの措置制度を見直し、

図3−1 「社会福祉基礎構造改革について（中間まとめ）」の要点

Ⅰ　改革の必要性

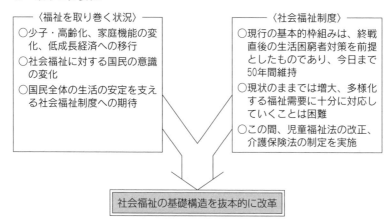

〈福祉を取り巻く状況〉
- ○少子・高齢化、家庭機能の変化、低成長経済への移行
- ○社会福祉に対する国民の意識の変化
- ○国民全体の生活の安定を支える社会福祉制度への期待

〈社会福祉制度〉
- ○現行の基本的枠組みは、終戦直後の生活困窮者対策を前提としたものであり、今日まで50年間維持
- ○現状のままでは増大、多様化する福祉需要に十分に対応していくことは困難
- ○この間、児童福祉法の改正、介護保険法の制定を実施

社会福祉の基礎構造を抜本的に改革

Ⅱ　改革の理念

改　革　の　基　本　的　方　向
- ①サービスの利用者と提供者の対等な関係の確立
- ②個人の多様な需要への地域での総合的な支援
- ③幅広い需要に応える多様な主体の参入促進
- ④信頼と納得が得られるサービスの質と効率性の向上
- ⑤情報公開等による事業運営の透明性の確保
- ⑥増大する費用の公平かつ公正な費用
- ⑦住民の積極的な参加による福祉の文化の創造

福　祉　社　会　の　理　念
- ○国民が自らの生活を自らの責任で営むことが基本
- ○自らの努力だけでは自立した生活を維持できない場合に社会連帯の考え方に立った支援
  ↓
- ○個人が人としての尊厳をもって、家庭や地域の中で、その人らしい自立した生活が送れるよう支える

出典：厚生省「社会福祉基礎構造改革について（中間まとめ）」1998年

福祉サービスを選択、利用契約する制度に転換する。また、利用者の権利擁護、苦情解決のしくみを整備する。

②サービスの質の向上である。第三者によるサービスの質の評価を導入し、良質なサービスを支える人材養成、さらに事業の透明性を確保するために、事業者にサービス内容に関する情報提供、財務諸表の開示を義務づける。

③社会福祉事業の充実・活性化である。社会福祉事業の範囲を見直し、企業など多様な事業体の参入を促進する。また、社会福祉法人の設立要件を緩和する。

④地域福祉の推進である。地方自治体では「地域福祉計画」を策定し、地域の福祉ニーズに適合した計画的なサービスを提供する。

　この社会福祉基礎構造改革により、利用者の権利擁護のしくみ、苦情解決制度、情報開示など利用者の保護に関する規定が、2000（平成12）年6月から施行された。また、身体障害者生活訓練等事業、盲導犬訓練施設を経営する事業などの9事業が社会福祉事業に追加され、助産施設および母子生活支援施設の入所方式の見直しが、2001（同13）年4月から施行された。さらに、障害者と在宅の障害児への支援費支給制度の導入、地域福祉計画の策定、知的障害者福祉などに関する事務の市町村への委譲などについては、2003（同15）年4月から施行された。

3　社会福祉基礎構造改革の理念

　「社会福祉基礎構造改革について（中間まとめ）」においては、次のような改革の理念が述べられている。

○成熟した社会においては、国民が自らの生活を自らの責任で営むことが基本となるが、生活上の様々な問題が発生し、自らの努力だけでは自立した生活を維持できなくなる場合がある。

○これからの社会福祉の目的は、従来のような限られた者の保護・救済にとどまらず、国民全体を対象として、このような問題が発生した場合に社会連帯の考え方に立った支援を行い、個人が人としての尊厳をもって、家庭や地域

の中で、障害の有無や年齢にかかわらず、その人らしい安心のある生活が送
れるよう自立を支援することにある。

○社会福祉の基礎となるのは、他人を思いやり、お互いを支え、助け合おうと
する精神である。その意味で、社会福祉を作り上げ、支えていくのは全ての
国民であるということができる。

また、理念の最後に、「このような理念に基づく社会福祉を実現するためには、
国及び地方公共団体に社会福祉を推進する責務があることを前提としつつ、次
のような基本的方向に沿った改革を進める必要がある」とし、基本的方向とし
て、①対等な関係の確立、②地域での総合的な支援、③多様な主体の参入促進、④
質と効率性の向上、⑤透明性の確保、⑥公平かつ公正な負担、⑦福祉の文化の
創造の 7 つをあげている。

┃ 4 　「措置」から「契約」へ

前述のとおり、第二次世界大戦以降50年の長きにわたってわが国の社会福祉
体制の機軸をなしてきた「社会福祉事業法」が、社会福祉基礎構造改革によっ
て「社会福祉法」と改題・改正された。最大の改革は、福祉サービスの利用が
「措置制度」から「契約制度」に転換したことである。

措置制度とは、行政が自らの判断に基づいて、要援護者に対して施設サービ
スや在宅サービスの内容を決定する制度で、戦後のわが国の福祉サービス提供
のあり方を特徴づける基幹的システムである（p.68参照）。また、契約制度とは、
利用者が、福祉サービスを利用するために自ら情報を収集し、自分に必要なサー
ビスを事業者との契約によって対等な関係に基づきサービスを選択する利用制
度である。契約制度によって、今までの「与えられる福祉」から「利用者が自
ら選択する福祉」へと転換したのである。それにともない、サービスの選択・
利用に自己責任が求められるようになった。

5 「利用者保護」と「サービスの質の向上」のための制度の創設

(1) 日常生活自立支援事業

社会福祉基礎構造改革では、サービスの自己選択や自己決定が困難である認知症高齢者や知的障害者などを支援するために、社会福祉法により「福祉サービス利用援助事業」(日常生活自立支援事業)が制度化され、また、民法に基づく成年後見制度が導入された(p.127参照)。

日常生活自立支援事業は、都道府県社会福祉協議会が実施主体となり、福祉サービスの利用援助とともに、日常的な金銭管理や書類などの預かりといった直接的なサービスが実施されている。しかし、同じ人口規模でも地域によって利用者の数に大きな差があるなどの課題がある。

なお、日常生活自立支援事業は、1999(平成11)年10月に地域福祉権利擁護事業として成立し、2000(同12)年に福祉サービス利用援助事業として制度化され、2007(同19)年度からは日常生活自立支援事業という名称に改められた。

(2) 苦情解決と第三者評価のしくみ

社会福祉法では、福祉サービスに関する苦情解決、第三者評価などの制度も創設された。

苦情解決は、2段階で行われるしくみとなっている。福祉サービスに関する苦情は、当事者同士である利用者と事業者との間で解決されるべきものという基本的な考え方があるため、まずは、各事業者が、苦情解決責任者、苦情受付担当者、第三者委員を自らの事業所内に設置し、その体制のなかで苦情解決を行う。次に、事業者段階で解決しない場合に、都道府県社会福祉協議会に設置されている「運営適正化委員会」によって苦情解決を行う。運営適正化委員会は、利用者などに対する助言や事情調査を前提として、解決の場をあっせんすることを中心とした機関である。この苦情解決制度については、事業所内の苦情解決システムがきちんと機能しているのか、利用者が苦情を言いやすい雰囲気であるかなどの課題がある。

第三者評価とは、サービスの質の向上をめざして、事業者自身の自己評価、

利用者による評価などについて、事業所関係者と関係のない第三者によって行われる評価である。しかし、評価機関、調査者、評価結果の取り扱い、受審料、受審率など多くの課題がある。

　これからの社会福祉は、福祉サービスを必要とする人々の人権が擁護され、利用者本位のサービスが展開されることと、そのために必要なマンパワーを質的・量的に確保することが重要である。

第 2 節　地域共生社会の実現に向けて

1　少子高齢社会の進展

(1) 少子化の進行

　わが国の出生数は、戦後の第一次ベビーブーム期（1947〜1949（昭和22〜24）年）のピークに年間270万人であったが、その後、急速に減少し始めた。第二次ベビーブーム期（1971〜1974（同46〜49）年）には約210万人にまで回復したが、その後は減少傾向が続き、1984（同59）年には150万人を割り、2016（平成28）年の出生数は97万6,978人となり、1899（明治32）年の統計開始以来、はじめて100万人を割った。2022（令和4）年には80万人を割り込み77万759人であった。これを、一人の女性が一生の間に生む子どもの数を表す合計特殊出生率でみてみると、第一次ベビーブーム期のピークには4.54であったが、第二次ベビーブーム期は2.16となり、1975（昭和50）年に2.0を下回った。

　1989（平成元）年には、それまで最低だった丙午（ひのえうま）の1966（昭和41）年の1.58を割り込み1.57を記録した。この数値が明らかになった翌年は「1.57ショック」と呼ばれて出生率に対する社会的関心が高まり、国が少子化対策に取り組む契機となった。人口が増加も減少もしない均衡した状態となる合計特殊出生率の水準を「人口置換水準」というが、それは2.07といわれている。2022（令和4）年の合計特殊出生率は1.26であり、人口置換水準を大きく下回っている。

　2023（令和5）年、岸田首相が年頭会見で「異次元の少子化対策」の検討を表明した。そこで政府は、「こども未来戦略会議」を設置し、2023年から2030

年までの6〜7年を少子化改善のラストチャンスと考え、集中的に少子化対策に取り組むことを決定した。その中で、今後3年間を集中取り組み期間と位置付けた「加速化プラン」を提示した。その具体的施策は、子育てに係る経済的支援の強化と若い世代の所得向上、すべての子ども・子育て世帯への支援拡充、共働き・共育ての推進、子ども・子育てに優しい社会づくりのための意識改革である。

(2) 高齢化の進展

　総人口に占める65歳以上人口の割合のことを「高齢化率」という。また、国際連合は、高齢化率が7％を超える社会を「高齢化社会」、14％を超える社会を「高齢社会」と位置づけた。日本の高齢化率は、1970（昭和45）年に7％、1994（平成6）年に14％を超え、2007（同19）年には21％に達し、超高齢社会に入った。総務省が2023（令和5）年9月の敬老の日に公表した人口推計（9月1日現在）によると、高齢化率は29.1％で過去最高を更新し、世界でトップであった。国立社会保障・人口問題研究所は、2040年には34.8％、2070年には38.7％になると推計している。わが国の高齢化の問題は、高齢化の「速さ」とともに高齢化率の「高さ」が問題となっている。

(3) 少子高齢化の影響

　少子化が進行した結果、わが国の総人口は、2008（平成20）年の1億2,808万人をピークに減少に転じ、2022（令和4）年の総人口は約1億2,495万人であるが、2070（令和52）年には、総人口が9,000万人を割り込むと推計されている。

　少子高齢化の進展、生産年齢人口の減少により、経済成長の低迷、労働力不足、国際競争力の低下、社会保障制度の給付と負担のバランスの崩壊、財政の危機などさまざまな社会的・経済的な課題が深刻化する。

2　地域共生社会の実現をめざして

⑴　地域共生社会の実現が求められる背景

　わが国では、高齢者、障害者、子どもなどの対象者ごとに、公的な支援制度が整備され、充実が図られてきた。しかし、少子高齢化、核家族化、ひとり親世帯の増加、単身世帯の増加、地域のつながりの希薄化などにより、家庭内または地域内の支援力が低下している。さらに、さまざまな分野の課題が絡み合って複数分野の課題のある世帯など、対象者ごとに縦割りで整備された公的な支援制度だけでは対応が困難なケースが浮き彫りとなっている。例えば、介護と育児に同時に直面するダブルケアや、いわゆる「8050」、障害のある子と親の介護を抱える世帯への支援が課題となっている。加えて、急速な人口減少により、地域によっては、利用者数が減少し、福祉のマンパワーの確保が困難になることで、対象者ごとに公的支援で対応することが難しくなってきている。

　こうしたなか、厚生労働省は、制度・分野ごとの縦割りを超えて、人々がさまざまな生活課題を抱えながらも一人ひとりが生きがいをもち、助け合いながら暮らしていくことのできる「地域共生社会」の実現に向けた取り組みが進められることになった。言い換えると、「地域共生社会」は、これまで高齢者支援を中心に用いられてきた地域包括ケアシステムを、子ども、障害者、生活困窮者などにも拡充していく福祉政策ということができる。

⑵　重層的支援体制整備事業

　2015（平成27）年、厚生労働省の新たな福祉サービスのシステム等のあり方検討プロジェクトチームが、「誰もが支えあう地域の構築に向けて福祉サービスの実現―新たな時代に対応した福祉の提供ビジョン―」を発表した。

　2017（平成29）年には、厚生労働省の「我が事・丸ごと」地域共生社会実現本部は「地域共生社会」の実現に向けて（当面の改革工程）を取りまとめ、改革の骨格として、①地域課題の解決力の強化、②地域丸ごとのつながりの強化、③地域を基盤とする包括的支援の強化、④専門人材の機能強化・最大活用の4つの柱を掲げた。

　2020（令和２）年には、地域共生社会の実現のための社会福祉法等の一部を改正する法律が成立し、社会福祉法が改正された。この改正によって、重層的支援体制整備事業が創設され、2021（同３）年４月から施行されている。

　重層的支援体制整備事業とは、地域共生社会の実現をめざすための体制整備事業として「分野を問わない相談支援」「参加支援」「地域づくりに向けた支援」を一体的に実施する新たな事業である。

◆◆◆◆　自学自習のためのヒント　◆◆◆◆

１．少子高齢化の影響を具体的に考えてみよう。
２．住んでいる自治体の重層的支援体制事業について調べてみよう。
３．異次元の少子化対策の内容を調べてみよう。

【参考文献】
• 厚生統計協会編集・発行『国民の福祉の動向』第56巻第12号　2009年
• 古川孝順・副田あけみ・秋元美世編『現代社会福祉の争点（下）―社会福祉の利用と権利』中央法規出版　2003年
• 佛教大学通信教育部編『二十一世紀の社会福祉をめざして―新しいパラダイムの構築』ミネルヴァ書房　2002年
• 今泉礼右編『社会福祉の構造と課題』同文書院　2006年
• 基礎からの社会福祉編集委員会編『社会福祉概論（第２版）』ミネルヴァ書房　2009年
• 古川孝順編『生活支援の社会福祉学』有斐閣　2007年
• 中井健一『福祉施設改革にいかす苦情解決と評価システム』明石書店　2006年
• 北側清一・遠藤興一編『社会福祉の理解―社会福祉入門』ミネルヴァ書房　2008年
• 厚生労働統計協会編集・発行『国民の福祉と介護の動向2023／2024』第70巻第10号　2023年
• 厚生労働省『厚生労働白書　令和５年版』日経印刷　2023年

第4章 社会福祉のしくみ

第1節 社会福祉の法体系

　日本において「社会福祉」という言葉が法制度において使われたのは、1946（昭和21）年の「日本国憲法」である。健康で文化的な最低限度の生活を営む「生存権」を規定した憲法第25条の第2項で「国は、すべての生活部面において、社会福祉、社会保障及び公衆衛生の向上及び増進に努めなければならない」と「社会福祉」の言葉が明記された。

　わが国の社会福祉のしくみは、日本国憲法の下、社会福祉に関するさまざまな法令が制定され、これらの法令に基づき、さまざまな福祉サービスが整備・実施されている。これら福祉の施策内容や実施体制等を規定した社会福祉の主な法律として、児童福祉法、身体障害者福祉法、生活保護法、知的障害者福祉法、老人福祉法、母子及び父子並びに寡婦福祉法があげられる（これらを「福祉六法」という）。福祉六法を中心に、高齢者や障害者、子ども家庭等の各福祉分野の支援の対象者に応じてさまざまな法律が存在するが、福祉施策に共通する基本的事項や、支援の対象者を横断した施策を定めた法律が社会福祉法である。

　社会福祉法は「社会福祉を目的とする事業の全分野における共通的基本事項を定め、社会福祉を目的とする他の法律と相まつて、福祉サービスの利用者の利益の保護及び地域における社会福祉（以下「地域福祉」という。）の推進を図るとともに、社会福祉事業の公明かつ適正な実施の確保及び社会福祉を目的とする事業の健全な発達を図り、もつて社会福祉の増進に資すること」（第1条）を目的としている。

第 **2** 節　社会福祉の実施体制

　日本で社会福祉を実際に行っている機関の概要は、図4－1で示すように、国、都道府県、「市」「町村」と組織化されている。また、公的機関だけではなく、民間の機関も社会福祉の実施体制に含まれる。

図4－1　社会福祉の実施体制の概要

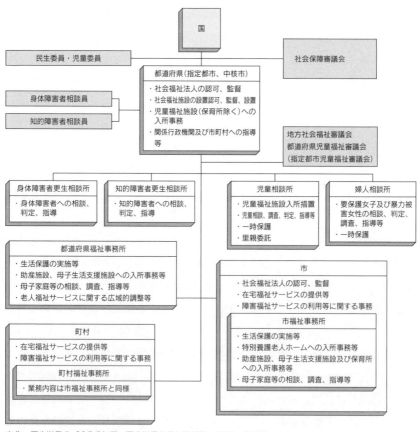

出典：厚生労働省「令和5年版　厚生労働白書」資料編p.194を一部改変

1　国の福祉行政組織

(1)　厚生労働省

　厚生労働省は、2001（平成13）年の中央省庁再編により、厚生省と労働省が統合され発足されたもので、国の福祉行政の中核機関である。国民生活の保障や向上を図り、社会福祉、社会保障、公衆衛生の向上や増進、労働者の働く環境の整備や職業の確保を図ることを目的とした、国の中心と位置づけられている機関である。社会福祉を主に担当しているのは、雇用環境・均等局、社会・援護局、老健局、障害保健福祉部である。これまで厚生労働省にあった「子ども家庭局」は廃止され、2023（令和5）年4月、「こどもの最善の利益を第一として、こどもの視点で、こどもまんなか社会」をめざすための新たな司令塔となる「こども家庭庁」が内閣府の外局に創設された。

(2)　社会保障審議会

　厚生労働大臣の諮問機関のひとつで、社会福祉に関する政策的な審議を行う。年金をはじめとする社会保障制度や人口問題の基本的な事項について調査や検討を行い、厚生労働大臣や関係機関に意見を述べることを主に行っている。介護給付費分科会や福祉文化分科会、統計分科会などの「分科会」や、福祉部会や障害者部会、介護保険部会などの「部会」がある。

2　地方公共団体の福祉行政組織

　地方分権の流れにより、国の業務が地方へ権限委譲され、それにともなう規制緩和が行われ、地方公共団体が果たす役割が増えてきている。
　地方公共団体の社会福祉行政は、大きく都道府県（政令指定都市、中核市を含む）と市町村に分けられる。

(1)　都道府県と市町村の役割分担

❶都道府県

　都道府県（政令指定都市、中核市を含む）は、福祉サービスの基盤整備や専

門的・広域性のある視点から市町村を支援しており、その主な役割[1] は以下のとおりである。

① 都道府県の水準における社会福祉に関する総合的計画の策定

② 施策の運用に関する細則の策定・調整

③ 市区町村間の利害の調整と格差是正

④ 市区町村に対する助言・指導・援助

⑤ 市区町村に属さない施策や市区町村の能力を超える施策の実施

⑥ 児童福祉施設等の措置等

⑦ 必要な費用の調達と負担

❷市町村

市町村は、住民に最も身近な存在として、福祉サービスを第一線で実施する主体であり、その主な役割[2] は以下のとおりである。

① 在宅福祉サービスの提供

② 介護保険、老人医療、老人保健事業の推進

③ 障害者の自立支援給付の支給

④ 施設（特別養護老人ホーム、身体障害者更生援護施設、知的障害者更生援護施設、保育所）の入所事務等

(2) 地方公共団体の社会福祉の専門行政機関

「福祉事務所」は、社会福祉法第14条に規定される、社会福祉に関する地方自治体の第一線となる専門の事務所である（p.107参照）。都道府県および市（特別区含む）には設置が義務づけられ、町村は任意の設置となる。

「児童相談所」は、児童福祉法に基づき、児童の福祉や健全育成に関する指導・相談や一時保護を行う施設で、都道府県（政令指定都市）には設置が義務づけられている。最近では、児童虐待問題で注目されることが多い（p.102参照）。

その他、障害者に関する相談窓口として、身体障害者に対する「身体障害者更生相談所」や、知的障害者に対する「知的障害者更生相談所」がある。

また、売春防止法に基づき、要保護女子に対し、相談や医学的・心理的判定や一時保護などを行う「婦人相談所」があり、配偶者からの暴力の防止及び被

害者の保護等に関する法律により、DV（ドメスティック・バイオレンス）被
害者の支援機能を担う施設のひとつとしても位置づけられている。

3　社会福祉の民間機関・団体

民間機関・団体においても社会福祉活動が行われている。

これらの民間機関・団体は、実践される営利・非営利、公的・私的な活動な
ど、その有する性格によって分類することができ、株式会社のような営利企業、
公益性と非営利性の両面の性格を備える法人格である社会福祉法人のほか、民
間非営利団体やボランティア団体（p.172参照）などがあげられる。

本節では、社会福祉の民間機関・団体として代表的な「社会福祉法人」につ
いて取り上げる。なお、地域福祉の推進を図ることを目的とする社会福祉協議
会（p.170参照）は、社会福祉法人格をもつ団体である。

社会福祉法人は社会福祉法第２条に基づき、社会福祉事業を行うことを目的
として設立される法人である。社会福祉法人の設立等の認可は、都道府県知事
または政令指定都市長もしくは中核市長が行うが、事業が２つ以上の都道府県
にまたがる場合は厚生労働大臣が行う。なお、設立には一定の資産が必要である。

社会福祉法人は、社会福祉事業の公共性の強さから、一般の法人に比べてそ
の設立運営に厳格な規制が加えられ、所轄庁による厳格な監査が行われる。し
かし、その一方、社会福祉施設を整備するための費用負担において国や都道府
県から補助金を受けたり（表４−１参照）、税制上の優遇措置が受けられたりす
る。社会福祉事業のほか、介護保険法に規定する居宅サービス事業のように、
公益を目的とした社会福祉と関係のある「公益事業」や、法人の所有する不動
産を活用した貸ビルや駐車場のように、収益を社会福祉事業または一定の公益

表4−1　社会福祉施設の整備、運営のための費用負担

費用負担者 / 設置主体	国	都道府県 (指定都市、中核市を含む)	市町村	社会福祉法人等
社会福祉法人等	$\frac{50}{100}$	$\frac{25}{100}$	——	$\frac{25}{100}$

出典：図4−1に同じ　資料編p.198

事業にあてる「収益事業」を行うことができる。

　先述したように、株式会社や民間非営利団体など多様な福祉サービス供給団体が参入している状況や、福祉ニーズが多様化・複雑化するなか、社会福祉法人はこれまで以上に公益性の高い事業経営が求められ、法人のあり方そのものの見直しが迫られている。

　社会福祉法人の今日的な意義は、社会福祉事業に係る福祉サービスの供給確保の中心的役割を果たすとともに、ほかの事業団体では対応できないさまざまな福祉ニーズを充足することにより、地域社会に貢献していくことにある。2016（平成28）年の社会福祉法の改正により、社会福祉法人に対して、公益性・非営利性を持った組織として、運営の透明性を確保することや組織経営のガバナンスを強化するとともに、福祉サービスの中核的な担い手として、国民に対する説明責任および地域社会への貢献が今まで以上に求められるようになった。

4　社会福祉事業

　社会福祉事業とは、社会福祉を行う事業で、社会福祉法第2条では第1種社会福祉事業と第2種社会福祉事業に分類されている。

(1)　第1種社会福祉事業

　生活保護法による救護施設や更生施設、児童福祉法による乳児院や児童養護

表4−2　第1種社会福祉事業の分類

・生活保護法に規定する救護施設、更生施設
・生計困難者を無料または低額な料金で入所させて生活の扶助を行う施設
・生計困難者に対して助葬を行う事業
・児童福祉法に規定する乳児院、母子生活支援施設、児童養護施設、障害児入所施設、児童心理治療施設、児童自立支援施設
・老人福祉法に規定する養護老人ホーム、特別養護老人ホーム、軽費老人ホーム
・障害者総合支援法[1] に規定する障害者支援施設
・売春防止法に規定する婦人保護施設
・授産施設
・生計困難者に無利子または低利で資金を融通する事業
・共同募金を行う事業

注1：障害者の日常生活及び社会生活を総合的に支援するための法律
出典：図4−1に同じ　資料編p.195を一部改変

施設といった入所施設サービスのように、何か問題が生じると利用者の生活や人権への影響が大きいため、経営が安定し利用者の保護の必要性が高い事業をいう（表4−2参照）。経営主体は、国や地方公共団体および社会福祉法人が原則で、施設を設置して第1種社会福祉事業を経営しようとするときは、都道府県知事等への届出が必要になる。

表4-3　第2種社会福祉事業の分類

- ・生計困難者に対して日常生活必需品・金銭を与える事業
- ・生計困難者生活相談事業
- ・生活困窮者自立支援法に規定する認定生活困窮者就労訓練事業
- ・児童福祉法に規定する障害児通所支援事業、障害児相談支援事業、児童自立生活援助事業、放課後児童健全育成事業、子育て短期支援事業、乳児家庭全戸訪問事業、養育支援訪問事業、地域子育て支援拠点事業、一時預かり事業、小規模住居型児童養育事業、小規模保育事業、病児保育事業、子育て援助活動支援事業
- ・児童福祉法に規定する助産施設、保育所、児童厚生施設、児童家庭支援センター
- ・児童福祉増進相談事業（利用者支援施設など）
- ・就学前の子どもに関する教育、保育等の総合的な提供の推進に関する法律に規定する幼保連携型認定こども園
- ・母子及び父子寡婦福祉法に規定する母子家庭日常生活支援事業、父子家庭日常生活支援事業、寡婦日常生活支援事業
- ・母子及び父子寡婦福祉法に規定する母子・父子福祉施設
- ・老人福祉法に規定する老人居宅介護等事業、老人デイサービス事業、老人短期入所事業、小規模多機能型居宅介護事業、認知症対応型老人共同生活援助事業、複合型サービス福祉事業
- ・老人福祉法に規定する老人デイサービスセンター（日帰り介護施設）、老人短期入所施設、老人福祉センター、老人介護支援センター
- ・障害者総合支援法に規定する障害福祉サービス事業、一般相談支援事業、特定相談支援事業、移動支援事業、地域活動支援センター、福祉ホーム
- ・身体障害者福祉法に規定する身体障害者生活訓練等事業、手話通訳事業又は介助犬訓練事業若しくは聴導犬訓練事業
- ・身体障害者福祉法に規定する身体障害者福祉センター、補装具製作施設、盲導犬訓練施設、視聴覚障害者情報提供施設
- ・身体障害者更生相談事業
- ・知的障害者更生相談事業
- ・生計困難者に無料または低額な料金で簡易住宅を貸し付け、または宿泊所等を利用させる事業
- ・生計困難者に無料または低額な料金で診療を行う事業
- ・生計困難者に無料または低額な費用で介護老人保健施設を利用させる事業
- ・隣保事業
- ・福祉サービス利用援助事業
- ・各社会福祉事業に関する連絡
- ・各社会福祉事業に関する助成

出典：図4−1に同じ　資料編p.195を一部改変

(2) 第2種社会福祉事業

　老人福祉法に規定される老人デイサービス事業や身体障害者福祉法に規定される身体障害者生活訓練等事業のように主として在宅サービスで、比較的利用者への影響が小さいため、公的規制の必要性が低い事業をいう（表4-3参照）。経営主体の制限はなく、事業経営地の都道府県知事に届出をすることにより事業経営が可能となる。

第 3 節　社会福祉の財政

1　国の社会福祉財政

　国の社会福祉に関する財政は、一般会計の社会保障関係費として計上されており、増加傾向が続いている。この社会保障関係費とは、年金や医療、介護、生活保護などの国民の健康や生活を守るために使われる費用のことをいう。

　実際に年金や医療などの社会保障のために支払われた費用である「社会保障給付費」の推移をみると、介護保険制度の創設やリーマンショックの厳しい社会経済情勢の影響を受けたり、最近では新型コロナウイルス感染症（COVID-19）が国民の生活全体に影響を与えたことによる増加がみられるなど、社会情勢に影響されることがわかる（図4-2参照）。特に、近年の少子高齢化の進行により年金、医療、介護に関わる費用が今後も増えていくことが予想される。

　社会保障給付費をまかなう財源は、保険料負担（被保険者が支払う保険料および企業等が支払う事業主負担）が約6割、税負担（国および地方公共団体が税収を財源として支払う負担）が約4割となっている（図4-3参照）。税負担のなかには、私たちが日々支払っている消費税も含まれている。

　社会保障費を他国と比較する場合には、「国民負担率」が使われる。国民負担率とは、租税負担と社会保障負担（公的年金や公的医療機関の保険料など）の合計が国民所得に占める割合のことである。これを諸外国と比較してみると、日本の国民負担率は、イギリスとアメリカの中間くらいの比較的低い水準にある。財政赤字を考慮した「潜在的な国民負担率」の場合、諸外国並みの負担が

図4-2　社会保障給付費の推移

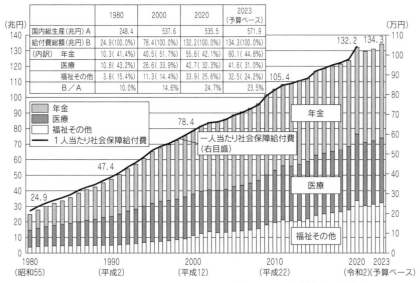

	1980	2000	2020	2023（予算ベース）
国内総生産（兆円）A	248.4	537.6	535.5	571.9
給付費総額（兆円）B	24.9(100.0%)	78.4(100.0%)	132.2(100.0%)	134.3(100.0%)
（内訳）　年金	10.3(41.4%)	40.5(51.7%)	55.6(42.1%)	60.1(44.8%)
医療	10.8(43.2%)	26.6(33.9%)	42.7(32.3%)	41.6(31.0%)
福祉その他	3.8(15.4%)	11.3(14.4%)	33.9(25.6%)	32.5(24.2%)
B／A	10.0%	14.6%	24.7%	23.5%

注：図中の数値は、1980、1990、2000、2010及び2020並びに2023年度（予算ベース）の社会保障給付費（兆円）である。
出典：国立社会保障・人口問題研究所「令和2年度社会保障費用統計」、2021～2023年度（予算ベース）は厚生労働省推計、
　　　2023年度の国内総生産は「令和5年度の経済見通しと経済財政運営の基本的態度（令和5年1月23日閣議決定）」
資料：厚生労働省「社会保障の給付」を一部改変
　　　https://www.mhlw.go.jp/content/12600000/001144715.pdf

図4-3　社会保障の給付と負担の現状

社会保障給付費　2023年度（予算ベース）134.3兆円（対GDP比　23.5%）

【給付】　社会保障給付費

年金　60.1兆円(44.8%)〈対GDP比　10.5%〉	医療　41.6兆円(31.0%)〈対GDP比　7.3%〉	福祉その他32.5兆円(24.2%)〈対GDP比　5.7%〉 うち介護13.5兆円(10.1%)〈対GDP比　2.4%〉

うちこども・子育て10.0兆円(7.5%)〈対GDP比　1.8%〉

【負担】

保険料　77.5兆円(59.3%)	公費　53.2兆円(40.7%)	積立金の運用収入等
うち被保険者拠出41.0兆円(31.4%)／うち事業主拠出36.5兆円(27.9%)	うち国36.7兆円(28.1%)／うち地方16.4兆円(12.6%)	

各制度における保険料負担

国（一般会計）社会保障関係費等
※2023年度予算
社会保障関係費36.9兆円（一般歳出の50.7%を占める）

都道府県
市町村
（一般財源）

資料：厚生労働省「社会保障の給付と負担の現状（2023年度予算ベース）」
　　　https://www.mhlw.go.jp/content/12600000/001094426.pdf

図4-4　国民負担率の国際比較

[国民負担率＝租税負担率＋社会保障負担率]　[潜在的国民負担率＝国民負担率＋財政赤字対国民所得比]

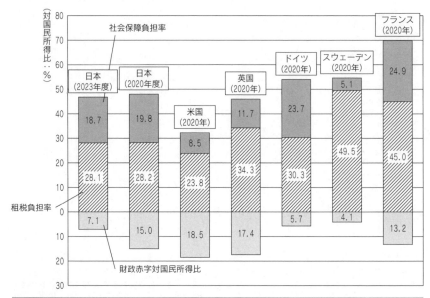

	日本 (2023年度)	日本 (2020年度)	米国 (2020年)	英国 (2020年)	ドイツ (2020年)	スウェーデン (2020年)	フランス (2020年)
国民負担率	46.8(34.5)	47.9(33.5)	32.3(26.1)	46.0(34.7)	54.0(40.7)	54.5(36.7)	69.9(47.7)
潜在的 国民負担率	53.9(39.7)	62.9(43.9)	50.8(41.1)	63.4(47.8)	59.7(66.4)	58.6(39.5)	83.0(56.7)

（対国民所得比：%（括弧内は対GDP比））

注1：日本の2023年度（令和5年度）は見通し、2020年度（令和2年度）は実績。諸外国は推計による2020年暫定値。
注2：財政収支は、一般政府（中央政府、地方政府、社会保障基金を合わせたもの）ベース。
　　　ただし、日本については、社会保障基金を含まず、米国については、社会保障年金信託基金を含まない。
出典：日本：内閣府「国民経済計算」等　諸外国：OECD "National Accounts"、"Revenue Statistics"、"Economic Outlook 112"（2022年11月）
資料：財務省「国民負担率の国際比較」
　　　https://www.mof.go.jp/policy/budget/topics/futanritsu/sy202102b.pdf

あることがわかる（図4-4参照）。

2　地方の社会福祉財政

　地方公共団体の社会福祉関係費は、民生費として一般会計に計上される。民生費の内訳は、「児童福祉費」「老人福祉費」「社会福祉費」「生活保護費」「災害救助費」であり、子ども、高齢者、障害者等のための福祉施設の整備や運営、

生活保護の実施等を行っている。

　民生費のうち、最も高い構成比なのが児童福祉費で、以下、老人福祉費と社会福祉費等の順となっている。しかし、都道府県と市町村ではその順位が異なっている。都道府県においては老人福祉費の構成比が最も高く、以下、社会福祉費、児童福祉費、災害救助費、生活保護費の順となっている。一方、市町村においては児童福祉費の構成比が最も高く、以下、社会福祉費、生活保護費、老人福祉費、災害救助費の順となっている（図 4 − 5 参照）。第 2 節第 2 項で述べたように、福祉サービスを第一線で実施する市町村の役割として、①在宅福祉サービスの提供や、④施設の入所事務等があり、児童手当の支給費用や児童福祉に関する事務や社会福祉施設の整備・運営事務、生活保護に関する事務が市町村によって行われているためである。

　社会福祉の財源として、公費のほかに民間資金もあげられる。たとえば民間の福祉事業として行われる共同募金（p.171参照）等の寄付金、競馬、競輪等の公営競技益金の補助金、その他の助成団体からの助成金等も活用される。しか

図4−5　民生費の目的別内訳（令和 3 年度）

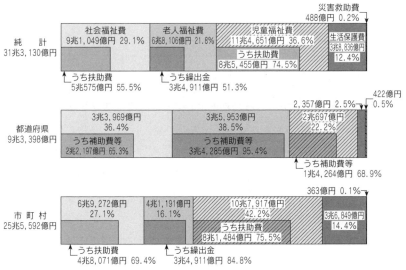

資料：総務省「地方財政の状況」令和5年3月
　　　https://www.soumu.go.jp/main_content/000870281.pdf

し、2016（平成28）年度の社会保障給付費の財源の国庫負担である32.2兆円に比べ、共同募金からの助成額はおよそ158億円弱であったことからわかるように、これら民間資金の規模は小さなもので、社会福祉に関する財政のその費用の大半は公費によって負担されている。

3　利用者負担とそのしくみ

　従来、措置制度で行われていた日本の福祉サービスは、社会福祉基礎構造改革により、契約制度に移行し、社会福祉サービスを利用すれば、利用者が費用の一部である自己負担金を支払うシステムに変わった。ただし、被虐待児童の一時保護のような児童福祉法上の措置制度や、養護老人ホームのような老人福祉法上の措置制度等は、現在も残っている。

　利用者が支払う費用負担額を決定するには、応益負担と応能負担の２つの方法がある。応益負担とは、サービスを利用した者が、利用した分だけそのサービス費用の一定率を負担するものである。利用料はサービス量に比例し、公平性を保つことができるが、高額所得者には負担感が軽く、低所得者には負担感が重くなるため、低所得者がサービスの利用を控えることにつながる可能性も考えられる。

　また、応能負担とは、利用者の所得能力に応じて、福祉サービスの利用料の一部や全額を負担させることである。低所得者の負担は軽く、サービスを利用しやすくなるが、高額所得者の負担額は重くなり、同じサービスでも所得により負担額が異なることが生じるため不公平感が生まれる可能性がある。

❶措置制度

　利用者は最初に措置権者（行政）に相談するだけで、後は措置権者が必要な福祉サービス内容や回数、サービス提供事業者等すべてを決める。措置権者が事業者に委託をしサービスが行われ、措置権者が事業所に措置委託費を支払うが、負担能力に応じて利用者から費用を徴収することもある（応能負担）。利用者と事業者との間はサービスの提供のやりとりだけで金銭のやりとりは行わない（図４−６参照）。

図4-6　措置制度のしくみ

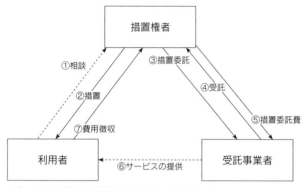

出典：厚生省「社会福祉法等関係法補足説明資料（平成12年6月）」を一部改変

図4-7　行政との契約方式（保育所方式）のしくみ

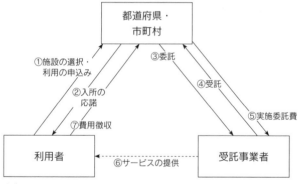

出典：図4-6に同じ

❷行政との契約方式（保育所方式）

　利用者は利用したい保育所を選択し行政に申し込みを行う。行政は利用可能かどうかを判断し、要件を満たせばその旨利用者に通知され、該当保育所には行政から実施を委託する。利用後に、利用者は行政に利用料を払い（応能負担）、保育所には行政から支払われる（図4－7参照）。

　なお、2015（平成27）年度から始まった子ども・子育て支援新制度では、保育所、幼稚園、認定こども園を通じた共通の給付（施設型給付）が創設され、

図4-8　教育・保育施設の利用手続き

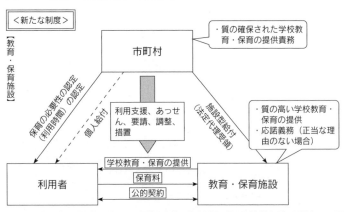

出典：厚生労働統計協会編『国民の福祉と介護の動向2023／2024』奥村印刷　2023年　p.127

これら教育・保育施設を利用する手続きに変わった（図4-8参照）。ただし、私立の保育所における保育の費用は、施設型給付の対象でないため、従来と同様に利用者と行政との契約方式のしくみが適用され、保育料は行政へ支払い、行政から保育所へ委託費を支払う。また、母子生活支援施設、助産施設についても同様である。

　子ども・子育て支援新制度では、教育・保育施設を利用するにあたり、行政の調整のもと、利用者と利用を希望する保育所とが契約する公的契約となった。行政は、利用者から保育所利用の申し込みがあったときには、保育の必要性の認定を判断し、要件を満たせばその旨を利用者に通知し、該当保育所に応諾義務を課すこととなった。また、保育料については、利用者が当該保育所に納める（応能負担）こととなっている（図4-8参照）。

❸自立支援給付方式

　障害者総合支援法における障害福祉サービスの利用者は、市町村による障害支援区分（障害者総合支援法より）の認定を受け、支給の要否が決定された後、指定事業者にサービスの利用を申し込み、契約を行う。サービス利用後、利用者が自己負担分（応能負担）を事業者に直接支払う（図4-9参照）。

図4-9　自立支援給付方式のしくみ

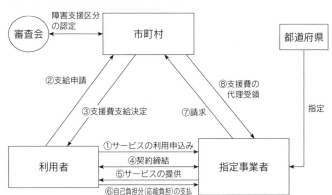

出典：図4-6に同じ

図4-10　介護保険方式のしくみ

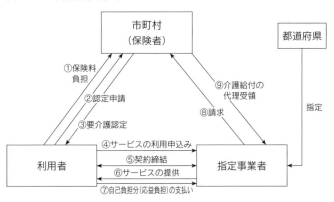

出典：図4-6に同じ

❹介護保険方式

　40歳以上の利用者は、介護保険に加入し保険料を支払い、65歳以上で介護が必要となったら市町村の要介護認定を受ける（40～64歳の者は特定疾病が原因の場合に限定される）。介護支援専門員と契約し相談のうえサービス内容を決め、利用したい指定事業者と契約を交わし、サービスを利用する。サービス利用後、利用者は自己負担分（応益負担）を事業所に直接支払う（図4-10参照）。

これまで自己負担分は介護報酬の1割で一律であったが、2015（平成27）年8月からは、高所得者に限り2割負担となり、2018（同30）年8月からは、2割負担の一部の人を対象に3割負担となった。

◆◆◆ 自学自習のためのヒント ◆◆◆

1．社会福祉に関する法律や制度をまとめてみよう。
2．自分の住んでいる地域にある社会福祉の専門機関や団体を調べ、社会福祉マップをつくってみよう。
3．自分の住んでいる地域にある福祉サービス提供事業所の設置主体（経営主体）や事業種別を調べ、第1種社会福祉事業と第2種社会福祉事業に分けてみよう。

【引用文献】

1）内山治夫「福祉サービスの主体と経営」みらい　2009年　p.51
2）前掲書1）p.52

【参考文献】

・全国社会福祉協議会政策企画部「全社協福祉ビジョン2011―ともに生きる豊かな福祉社会をめざして―」2010年
　https://www.shakyo.or.jp/news/110105.pdf
・厚生労働省「令和5年版　厚生労働白書」
　https://www.mhlw.go.jp/wp/hakusyo/kousei/22/dl/zentai.pdf
・国立社会保障・人口問題研究所「令和3年度　社会保障費用統計」
　https://www.ipss.go.jp/ss-cost/j/fsss-R03/R03.pdf
・社会福祉法人中央共同募金会「令和3年度　年次報告書」
　https://www.akaihane.or.jp/wp/wp-content/uploads/ebd0b0f75c089aae76692dea218251e6.pdf
・内閣府ホームページ「子ども・子育て支援新制度」
　https://www8.cao.go.jp/shoushi/shinseido/index.html（2023/09/21閲覧）

第5章 生活保護

第1節 貧困・低所得者とは

　ネットカフェ難民、「車中の人々」、ワーキングプア、派遣切り、貧困ビジネスなどは、現在の社会において目新しい言葉ではなくなってきた。こうした言葉が生まれる背景には、雇用の不安定、低賃金、失業といった労働に関する問題があげられる。給与による収入によって生計を立てている世帯が多い現代社会において、これらの問題は日常生活を営むために必要な財・サービスの購入が困難な状態を引き起こす。

　こうした貧困や低所得とは、一体どのような状態をさしているのか。そもそも、貧困や低所得は、個人の能力不足や怠惰といった個人的事情で生じる問題だろうか。古くは、個人的問題によると考えられていたが、現在では経済・社会状況、産業構造の変化などの個人では回避できない社会の問題によるという考え方もある。また、貧困の定義に絶対的貧困を用いるのか、相対的貧困までを範囲に含めるのかによっても貧困のとらえ方が異なる。絶対的貧困とは、その人間が生物として生存しているかを基準に貧困をとらえる考え方である。相対的貧困とは、所属する社会に暮らす大多数の生活との比較で貧困をとらえる考え方である。

　福祉の制度上、貧困に関しては、最低生活水準以下の生活状態にある者を貧困者（要保護者）といい、貧困者と同等やそれに近い生活水準にある者を低所得者という。低所得者の場合は、ボーダーラインにある者といわれることもある。ワーキングプアのように、働いていても生活維持が困難な場合のほか、就労の機会が難しい傷病者、障害者、高齢者は貧困に陥る可能性が高い。また、

男性に比べて労働・雇用条件のよくないといえる女性、特にひとり親世帯の女性は、同様の可能性をもっている。

　しかし、貧困や低所得は、経済の変動にともなう就労による収入の低下、あるいは収入が全くなくなることによって生じているだけではなく、家族関係や住居の問題、教育など、生活におけるさまざまな問題が影響している。岩田正美は、「お金がない」ということだけではなく、貧困が常態化すると「貧困の4つの表現」として、「社会関係からの排除、パワーレス／ボイスレス、恥・自己評価の低さ、非難・軽蔑」が生じるとしている[1]。長期間にわたる貧困の経験は、貧困が次世代へと受け継がれ、結果、貧困の再生産を起こす。つまり、社会的つながりや教育に関する「機会の不平等」が「結果の不平等」を拡大し、貧困の連鎖が続くことになるのである。

　現在では、貧困と並び、社会的排除（社会的包摂）という概念でとらえることもある。2000（平成12）年に厚生労働省から出された「社会的な援護を要する人々に対する社会福祉のあり方に関する検討会報告書」において、「社会のなかで十分なつながりをもつことができない層」や「社会的に抑圧されている層」といった社会的に排除されている人を結びつけて、つながりのある社会をつくっていくことを提唱している。つまり、アルコール依存症、心身に障害のある人、ホームレス、外国人、家庭内暴力などの状態におかれている人に対して、「公的制度の柔軟な対応を図り、地域社会での自発的支援」を再構築していく必要性を述べている。こうした社会的に排除された人々は、同時に貧困や低所得者層であることが多いため、貧困や低所得状態という問題と生活や社会とのつながりをどのように考えるのかといった側面においては貧困の概念と重なった部分がある。

第2節　公的扶助とは

　公的扶助とは、社会保障制度のひとつである。社会保障制度とは、社会保障制度審議会の勧告をふまえ、社会保険、公的扶助、公衆衛生、社会福祉の4つに区分されている。特に、社会保険制度が中心となって所得保障を行い、生活

が困窮したり、破綻したりすることを防いできた。

　先に述べた社会保険の給付によっても、生活困窮状態に陥ることを防ぐことができなかった者に対して、最低限度の生活を維持するための最後の手段として公的扶助が利用される。公的扶助は、社会保険の防貧施策に対して、事後的に救済する救貧施策と呼ばれる場合がある。

　そもそも公的扶助を受ける者（被保護者）は、保険料や税金を負担する力のない状態におかれているため、公的扶助の財源は、公費（租税）でまかなわれる。当然、本人の拠出義務はない。ただし、保護を受けるにあたっては、生活困窮の状態や程度を把握するための資力調査（ミーンズテスト）が実施される。日本においては、生活保護制度が公的扶助に該当する。

第 3 節　生活保護制度のしくみ

1　生活保護の目的

　日本国憲法第25条において保障されている生存権を国が具現化するためのひとつとして1950（昭和25）年に生活保護法（以下、この章では「法」という）が成立した。

(1)　生存権の保障

　法第1条に示されている目的の1つ目は、第一義的な目的として、生活が困窮する状態に陥った場合の最低生活を保障することである。これは、生活保護制度の基本的な機能を表現したものである。ここでいう最低生活の保障とは、一時的な救済により日本国憲法第25条の「健康で文化的な最低限度の生活」を与えるというのではなく、それを維持することができるように保護をすることである。また、生活に困窮するすべての国民を対象としていることと、保護は画一的に行われるものではなく、困窮の程度に応じて行われることが示されている。なお、法の対象は国民に限られているが、国民と同様の生活を送っている外国人も予算上の措置として、国民と同様の保護を受けることができる。

⑵ 自立の助長

　２つ目の目的は、自立の助長である。法による保護が単に最低生活の保障を
し、要保護者（現に保護を受けているといないにかかわらず、保護を必要とす
る状態にある者）の生存を可能にするだけでは機能として不完全である。保護
受給者のなかには、社会生活に適応できない者も存在する。将来的にはそうし
た人が、その人の能力に応じて社会生活に適応できるようにする必要がある。
「生活保護制度の在り方に関する専門委員会」の報告によると、現在の自立の
解釈は、①経済的自立を前提とした就労の自立、②日常生活の自立、③社会生
活の自立の３点でとらえられている。つまり、経済的自立のみを重視するもの
ではなく、自分で自分の健康や生活を維持管理することや、社会的なつながり
をもった生活を送れるようにすることも自立の概念に含まれる。

2　生活保護の原理

　現在の生活保護制度を実施するにあたっての原理は、法第１条から第４条に
明記され、第５条において先の４条が法の基本原理であることが示されている。

⑴　国家責任の原理

　法第１条では、「国」が国民に対して最低限度の生活を保障する責任があるこ
とを明記している。これを国家責任の原理という。この考え方は、日本国憲法
第25条第２項の規定に根拠がある。ただし、この原理によって、すぐに要保護
者を国が保護する義務が発生するというものではなく、国が直接の責任におい
て要保護者を保護する必要があるということを明らかにしたというものである。

⑵　無差別平等の原理

　法第２条では、法律の定める要件を満たす限り、保護を無差別平等に受ける
ことができると規定している。無差別平等とは、要保護者の性別、信条、社会
的身分などによって差別的な取り扱いがされることがないことと、生活が困窮
に陥った原因によって差別されないことを意味している。つまり、保護の可否
は生活が困窮しているという現在の状態によってのみ判断される。なお、ここ

での無差別平等は、差別的な取り扱いを行わないということを意味するものであり、要保護者の状況を考慮しない画一的な給付を行うというものではない。

(3) 最低生活の原理

法第3条によれば、法が保障する最低限度の生活とは、健康で文化的な生活水準を維持することであると明記されている。健康で文化的な生活とは、「一個の社会人として生活するために必要なものはすべて」[2]含まれた生活のことである。しかし、ここで示されている健康で文化的な生活とは具体的にどのような生活水準のことを意味しているのか、実際に実施される保護の内容はどのようなものが適しているのかについて解釈するのは困難なことである。このことは、朝日訴訟の様子からもよくわかる。

(4) 保護の補足性の原理

法第4条では、資産や能力、扶養義務者などに関する保護を受けるための前提条件を規定している。これは、保護に必要な費用が国民の税金からまかなわれているため、保護を受けるにあたり、要保護者ができ得る限りの最善の努力をすることがまず必要であり、その努力を行ってもなおかつ最低生活が維持できない場合にはじめて保護が行われることを意味している。この基本的な考え方から、生活保護を申請すると資力調査が行われる。ただし、社会通念上放置できない場合や生命の維持が危うくなる場合など状況が急迫した場合には、必要な範囲内で保護が行われる。

❶資産の活用

資産には、土地や家屋、動産のほか、生活用品までが含まれる。活用の方法には、本来の方法で活用することと、売却してその代金を生活費にあてることの2つがある。具体的には、個々の世帯の状況や地域の実態を考慮して決められる。エアコンなどの生活用品については、議論の対象となることが多い。しかし、利用の必要性が認められ、当該地域の普及率が70%を超えるものについては、保有を認めるとしている。

❷能力の活用

能力とは、稼働能力が中心である。労働能力があり、適当な就労先があるにもかかわらず働かない者については、保護を受けることはできない。しかし、働く意思と能力があり、求職活動を行っていても現に働く場所がないときには、保護を受けることが可能である。

❸扶養の優先

民法に規定されている扶養義務者による扶養が、法による保護に優先すべきであることが規定されている。保護の運用にあたっては、現に扶養している者やその可能性のある者について扶養の可能性を調査することとなっている。夫婦相互間や未成熟（義務教育修了前）の子に対する親には、強い扶養義務がある。

❹ほかの法律による扶助の優先

法による保護が最後の手段として位置づけられているため、ほかの法律による扶助を受けることが可能な場合には、保護に先立ってほかの扶助を活用することが求められる。

3 生活保護の原則

法第7条から第10条には、要保護者に対して、実際に生活保護を実施する際の原則が記されている。これは、生活保護制度の運用上の考え方を表している。

(1) 申請保護の原則

法第7条によって、保護は要保護者本人、その扶養義務者やそのほかの同居の親族の申請に基づいて開始することが原則となっている。ただし、急迫した状況にあるときは、保護の申請がなくても必要な保護を行うことができると記されている。

(2) 基準および程度の原則

法第8条には、保護の具体的な実施にあたって必要となる生活困窮状態の判断基準や保障すべき程度が規定してある。その基準は、厚生労働大臣によって

定められ、保護の要否を決めるための尺度と保護費の支給の程度を決めるための尺度としての機能をもっている。前者は、最低生活費と要保護者の収入とを比較して保護を受けることができるかどうかの資格を判定するための基準である。後者は、保護が必要であると決定された者に対して、支給する額や程度を決めるための基準であり、その程度は不足分を補う程度とされている。

(3)　必要即応の原則

　法第9条によれば、保護は、要保護者の年齢別、性別、健康状態など、その個人や世帯の実際の必要の相違を考慮したうえで有効適切に行うものと規定されている。これは、画一的、機械的な制度運用となることを避け、個々の要保護者の実態に即した保護を実施できるようにしたものである。

(4)　世帯単位の原則

　法第10条では、保護の要否や程度を世帯単位で判定し実施することが規定されている。この世帯単位の原則は、保護はあくまで個々人に受給権があるが、生活困窮状態は要保護者個人だけに現れる現象というよりも、その者が所属する世帯全体を観察してはじめて把握できる現象であるという考え方に基づいている。したがって、保護費は、個人が受けるべき保護費を合算して世帯の保護費として計算される。ここでの世帯とは、消費生活のうえで収入支出をともにしている生計上の単位である。なお、世帯単位の原則を貫くと、法の目的である最低生活の保障に欠ける場合やほかの世帯員の自立を阻害する場合などは、個人を単位として保護の要否や程度を定めることができるとしている。

4　保護の内容

(1)　保護の種類

　保護は、国民の生活上の困難に対して生活保障を行うものであるため、生活全般に及んでいる。要保護世帯の生活需要に応じて、8種類の扶助（生活扶助、教育扶助、住宅扶助、医療扶助、介護扶助、出産扶助、生業扶助、葬祭扶助）がある。それぞれの範囲として具体的な保護の内容が定められている。

　これらの扶助を必要に応じて１種類あるいは複数受けられるしくみとなっている。１種類の扶助受給を単給といい、２種類以上を受給するときは併給という。給付は、金銭給付を原則としているが、医療や介護などのサービスは現物給付を行っている。

⑵　保護施設

　保護は、居宅保護を原則とした給付としている。しかし、居宅での給付が困難な場合には、施設保護を行う。

　保護施設は、目的と内容によって５種類に分けられる。主に生活扶助を目的とする施設には、救護施設（身体上または精神上著しい障害があるために日常生活を営むことが困難な要保護者が入所する施設）と更生施設（身体上または精神上の理由により養護および生活指導を必要とする要保護者が入所する施設）がある。医療を必要とする要保護者に対しては、医療保護施設、住居のない要保護者の世帯に対しては、宿所提供施設がある。身体上や精神上の理由などにより就業能力の限られている要保護者に対しては、生業扶助を目的とする授産施設がある。

5　保護の流れ

⑴　流れ

　保護の申請は、居住地を管轄している福祉事務所で行う。住民票の所在地と居住している場所が異なる場合には、居住地、つまり生計を立てている場所で申請を行う。ホームレスなどのように居住地が明らかでなかったり、そもそも存在しなかったりする場合には、申請先の福祉事務所の所在は問われず、福祉事務所の窓口で申請の意思表示を行う。調査の結果、保護の必要性が認められれば、保護受給が開始される（図５－１参照）。

⑵　不服申立て

　保護受給は権利であるため、不服申立ては行政の権利侵害に対して設けられている。保護申請後、福祉事務所の決定や処分などに対して不服がある場合に

図5−1　支援の流れ

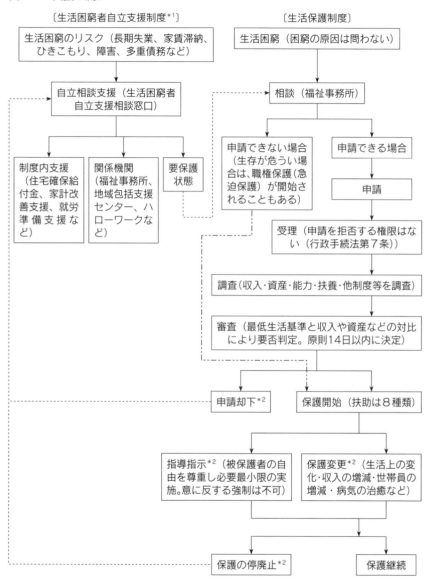

　　　〔生活困窮者自立支援制度*1〕　　　　　　　　〔生活保護制度〕

生活困窮のリスク（長期失業、家賃滞納、ひきこもり、障害、多重債務など）

生活困窮（困窮の原因は問わない）

自立相談支援（生活困窮者自立支援相談窓口）

相談（福祉事務所）

制度内支援（住宅確保給付金、家計改善支援、就労準備支援など）

関係機関（福祉事務所、地域包括支援センター、ハローワークなど）

要保護状態

申請できない場合（生存が危ういい場合は、職権保護（急迫保護）が開始されることもある）

申請できる場合

申請

受理（申請を拒否する権限はない（行政手続法第７条））

調査（収入・資産・能力・扶養・他制度等を調査）

審査（最低生活基準と収入や資産などの対比により要否判定。原則14日以内に決定）

申請却下*2

保護開始（扶助は８種類）

指導指示*2（被保護者の自由を尊重し必要最小限の実施。意に反する強制は不可）

保護変更*2（生活上の変化・収入の増減・世帯員の増減・病気の治癒など）

保護の停廃止*2

保護継続

＊1：生活保護制度と生活困窮者自立支援制度（p.85参照）は、切れ目なく生活困窮者や要保護者のニーズに対応して支援することとなっている。

＊2：不服がある場合には都道府県知事に不服申立て（審査請求）をすることができる。

出典：竹下義樹・吉永純編『死にたくない！いま、生活保護が生きるとき』青木書店　2006年　p.226をもとに筆者作成

は、まず、都道府県知事に不服申立てを行うことができる。これを審査請求という。知事の裁決に対しても不服がある場合には、厚生労働大臣に再審査請求ができる。さらに、大臣の裁決に対して不服がある場合には、最終的に裁判を提起することができる。

　要保護者の権利救済を定めている一方で、保護が国税によってまかなわれていることから義務も課せられている。保護の受給権利の譲渡禁止や生活上の義務、届出の義務などが法第59条から第63条に定められている。

6　保護基準

(1) 概念

　国が制度として行う最低生活保障である以上、個人的な貧困観の差によってその取り扱いが異なっていてはいけない。したがって、貧困をとらえる際の統一的基準を設定する必要がある。最低生活費を設定する考え方は、貧困を絶対的にとらえる考え方（絶対的水準論）と相対的にとらえる考え方（相対的水準論）に大別できる。前者は、生きていくうえで最低限これだけが必要だという考え方に基づいて最低生活基準を定めており、後者は生活するその社会のなかでの均衡に配慮し、その社会で自然に行うことができない生活水準以下が貧困状態であると定めている。今日の日本では、相対的水準論の立場をとっている。

(2) 算定方式

　生活保護基準の中心となる生活扶助の基準を算定する方法は、国民生活の動向によって、マーケット・バスケット方式に始まり、エンゲル方式、格差縮小方式、水準均衡方式と変遷している。現在の水準均衡方式は、1984（昭和59）年以降、今日まで採用されているものである。これは、算定する年度に想定される一般国民の消費動向をふまえ、その前年度までの一般国民の消費実態との調整を図るという方式である。つまり、生活扶助基準を一般国民の生活水準にあわせて上下させるというものであり、生活保護受給世帯における一人当たりの消費水準が一般世帯における一人当たりの消費支出額の6割台で設定されている。

⑶ **最低生活保障水準**

　保護における最低生活費は生活保護基準と呼ばれ、この基準は、扶助ごとに原則１年に一度改定されている。要保護者に保障される最低生活保障の水準は、要保護世帯の世帯人員、世帯員の年齢、居住地などによって基準額が異なる。

　2023（令和５）年10月からの生活保護基準額の例は、次のとおりである。東京都区部などにおける標準３人世帯は生活扶助、児童養育加算、住宅扶助にあわせて17万7,860円、高齢者単身世帯は生活扶助、住宅扶助をあわせて９万980円、母子２人世帯は生活扶助、児童養育加算、母子加算、住宅扶助をあわせて20万9,220円である。この額に加えて、医療費、教材費などの実費相当が必要に応じて給付される。このほか、出産や葬祭などがある場合にも、それらの経費の一定額が加算される。また、勤労収入がある場合には、収入に応じた額が控除される。

第 4 節　生活保護の動向

1　被保護者と被保護世帯

⑴ **被保護世帯の実態**

　2021（令和３）年度の１か月平均の「被保護実世帯数」および「被保護実人員」は、それぞれ約164万世帯、約204万人であった。

　被保護世帯のなかでは、「高齢者世帯」が最も多く、半数を越えている。次いで「障害者世帯」「傷病者世帯」「母子世帯」となっている。近年の特徴としては、稼働能力がある者を含んでいる「その他の世帯」の増加が著しく、2021（同３）年度においては15.2％を占めている。世帯の状況をみると、「単身者世帯」が増加しており、８割を超える。特に、高齢者世帯においては、９割が「単身者世帯」である。

⑵ **保護の開始・廃止**

　2021（令和３）年度では、保護を開始した世帯が約20万世帯、保護を廃止し

た世帯も約20万世帯となっている。また、保護の開始理由をみると、「貯金等の減少・喪失」が44.1％と最も多く、次いで「世帯主の傷病」が18.4％となっている。一方、保護廃止の主な理由は、「死亡・失そう」が半数を超えて52.3％を占め、増加傾向にある。次いで「働きによる収入の増加、取得」が14.2％である。傷病によって保護開始となるケースの割合に対し、傷病の治癒によって保護廃止となるケースはほぼない。開始・廃止理由は、世帯構成の変化、経済状況や社会保障制度とのかかわりによって変化する。

　また、保護受給期間については、全体的に長期化する傾向にあり、「10年～15年未満」と「15年以上」をあわせると39％を占める。

2　保護率

　保護率は、1995（平成7）年度以降、増加傾向にあったが、2017（同29）年以降は微減傾向となり、2021（令和3）年度は16.2‰[*1]であった。都道府県別でみると、大阪府、北海道が保護率30‰程度となっており、沖縄県、高知県、福岡県も高い保護率を示しているのに比べ、富山県は3.9‰、長野県5.4‰、福井県5.5‰と低い。このように保護率の特徴のひとつとして、地域格差が大きいことがあげられる。そして、世帯類型でも特徴がみられる。母子世帯に占める被保護世帯の割合を示す世帯保護率は、2021（同3）年度に107.8‰で、ほかの世帯に比べて高い保護率を示している。

　1995（平成7）年に保護率が7‰まで低下したことは、生活保護制度の運用が実態に即していないことを表していたという批判もある。この背景には、保護の適正化を図るために1981（昭和56）年に出された「123号通知[*2]」が影響している可能性もある。しかし、捕捉率（ほそく）[*3]を調べるとこうした実情が明らかになる。公式調査はされていないが、低水準での推計でも捕捉率は40％以下[3]と

＊1　‰（パーミル：per mill）は、千分率で、1000分のいくつであるかを表す。1パーミルは1000分の1。

＊2　「123号通知」とは、「生活保護の適正実施の推進について」（昭和56年11月17日厚生省社会局保護課長・監査指導課長通知　社保第123号）の通称。これは、生活保護の不正受給事件が多発したことを受けて出された。

＊3　捕捉率とは、本来生活保護を受給できる生活水準にある人のうち、現に生活保護を受給している人の割合である。

記されており、「貧困状態の減少によるよりは、捕捉率の低さによるところが大きい」と考察されている。また、日本の保護率は、ほかのOECD諸国と比較して低いことからも、制度の運用を見直す必要があるのかもしれない。

第 5 節　低所得者支援の概要

　被保護者以外の低所得者に対しても、生活維持を支えるための制度がある。近年の経済・社会状況、雇用環境の変化によって、その重要性は増している。低所得者といっても、低所得の基準や状態によって制度利用に関する要件が異なっている。そのため、低所得者対策も医療、住宅、生業にかかわるものなど多岐にわたる。しかし、生活を維持していくためには、低所得者に対する施策は重要である。以下に、代表的な制度を3つあげておく。

1　生活困窮者自立支援法

　生活困窮者自立支援法は、2015（平成27）年4月より施行された、生活保護に至る前のもうひとつのセーフティネットとして、著しい生活困窮状態に陥る前に、生活困窮者に対し、自立に向けてのサポートを行うものである。法のなかで「生活困窮者」とは、「現に経済的に困窮し、最低限度の生活を維持することができなくなるおそれのある者」を指している。

　生活困窮者の自立支援に関しては、必須事業として、自立相談支援事業と住居確保給付金の支給があり、任意事業としては、就労準備支援事業、一時生活支援事業、家計改善支援事業、子どもの学習支援事業などがある。ただし、これまで任意事業であった就労準備支援事業と家計改善支援事業は、2018（同30）年の法改正で努力義務化され、これらの事業と自立相談支援事業が一体的に実施されることとなり、生活困窮者に対して、包括的な支援体制が強化された。また、子どもの学習支援事業も強化された。支援の内容は、学習のみならず、居場所づくりや生活習慣・育成環境の改善に関する保護者への助言も加わり、子どもの育ちを生活面からも幅広くサポートし、貧困の連鎖を防ぐことをねらいとしている。

　相談支援事業については、複合的な課題を抱える生活困窮者が、制度の狭間に陥らないように、できるだけ幅広く一人ひとりの事情にあった対応をすることが求められており、生活困窮者の自立だけではなく、地域ネットワークの強化や孤立状態の解消など地域づくりも目標のひとつとなっている。

　2018（平成30）年の法改正による見直しは、「地域共生社会」の実現に向けた改革のひとつとしても位置づけられている。

2　生活福祉資金貸付制度

　生活福祉資金貸付制度とは、低所得者世帯、失業者世帯、障害者世帯、高齢者世帯に対して、金銭の貸付を行う制度である。たとえば、生活を建て直すまでの間に必要な生活費用、就職に必要な知識・技術などの習得のための費用、高校や大学などへの就学に必要な費用、転居時に必要となる経費、介護サービスを受けるための費用などを借り受けることができる。この制度は、生活困窮者自立支援制度と連携した貸付がなされている。貸付業務は、都道府県の社会福祉協議会が実施主体となっているが、一部は各市町村社会福祉協議会に委託して行っている。また、地域の民生委員が資金を借りた世帯に対して、その生活の安定のための指導や支援を行う。

　貸付の中心は、修学資金である。低所得となった状態が一時的なものであり、貸与後にスムーズに返済が可能となればよいが、多くの場合は、子どもが卒業後、社会に出ると同時に借金を抱えることになり、子どもの自立を阻害する可能性もある。生活保護制度のなかでは、高校就学に関する費用の給付が行われたり、大学等への進学を支援する「進学準備給付金」を一時金として給付されていることからも、現在では、高卒学歴が最低限度の生活に値すると考えられる。教育における親の収入格差が問題となっている現在、こうした貸付制度の見直しも必要といえる。

3　ホームレスの自立支援

　ホームレス問題が社会問題として取り上げられるようになり、政府は、1999（平成11）年に「ホームレス問題に対する当面の対応策について」をまとめた。

そのなかで、ホームレス問題が、単なる住居がないという状態に対する問題をさしているのではなく、経済状況、雇用、家族、地域といった問題が複雑に絡み合った結果生じた貧困問題であることが示された。そこで、2002（同14）年にホームレスの自立の支援等に関する特別措置法（通称「ホームレス自立支援法」）が成立した。

　同法は、ホームレスの自立支援、ホームレスとなることを防止するための生活上の支援などに関し、国などの果たすべき責務を明らかにすることと、ホームレスの人権に配慮し、地域社会の理解と協力を得て必要な施策を講ずることで、ホームレスに関する問題の解決を図ることを目的としている（第1条）。第3条では、ホームレスの自立支援について、雇用、住宅、保健・医療、福祉などの各分野の総合的な取り組みが必要であることが記されている。

　このホームレスに対する支援の中心は、就労による自立をめざすことである。しかし、ホームレスの高齢化が進み、健康問題に悩む者が増えているなかで、就労による自立は容易なことではない。自立を考えた際、就労によって経済的な自立を可能にすることは重要ではあるが、問題の解決に至らないケースもあり、他制度との連携やほかの自立のあり方を探ることも求められる。

第 6 節　これからの生活保護

　2004（平成16）年に出された「生活保護制度の在り方に関する専門委員会」の報告は、生活保護制度を「利用しやすく、自立しやすい」制度へと転換させるものであり、本来の役割を示すものとなっている。しかし依然として、保護漏れや濫救*4があることは、人権侵害や自殺、餓死、不正受給の報道からも知ることができる。問題の解決を図るには、今一度、生活保護制度がどのような制度かを考える必要がある。日本国憲法第25条が示す健康で文化的な最低限度の生活とは一体何なのか。朝日訴訟の東京地裁による客観的基準を求めた判決について、再度考える必要があるだろう。

---

*4　濫救とは、生活保護が必要ない者までも保護されている状態である。

保護受給は恥であると申請を拒んだり、受給をひた隠しにしたりする人もいる。しかし、不正受給が後を絶たないことや、保護受給を権利として保護に依存している人がいることも事実である。どちらの場合であるにせよ、経済的保障によって単に生活困窮状態から脱し、生かされているというだけではなく、自立した生活が送れるようなシステムとして構築されていることが求められる。

　生活保護制度における自立支援とは、「経済的自立」「日常生活自立」「社会生活自立」の３つの自立を可能な限り果たせるようにするものである。つまり、就労支援によって、単に就労を促し、経済的に自立することを目標としているのではなく、対象となる被保護者（世帯）の自立とは何かを考え、実情にあわせた対応を行うことである。あわせて、生活保護から脱却した人が再び生活保護の被保護者となることのないようにフォロー体制を整えることも大切である。これは、近年課題としてあげられている貧困の連鎖の防止や就労をともなった生活の自立の実現につながるだろう。

　生活保護制度は、支援が必要な人に適切に保護を実施するという原則にたっている。しかし、生活困窮の課題は、高齢者や障害者、ニートやひきこもり、ホームレス、矯正施設出所者、外国籍の人、DV被害者、多重債務者など、多様で複合的な要因が絡んでいるため、分野を横断した包括的な取り組みも必要となる。特に、今すぐに生活保護が必要ではないが、将来的に生活困窮に陥る可能性が高い人への自立支援策の強化は大きな課題のひとつであり、生活困窮者自立支援制度との連携が重要となる。現在では、生活困窮者や被保護者に対して、生活困窮者自立支援制度に基づく事業だけでなく、自治体の実態にあわせて、地域にある社会資源を活用し、自立や就労に向けた多岐にわたる支援を提供してきている。福祉と雇用の連携や支え合いのしくみの構築、縦割りの制度をどのようにつないでいくのかが課題である。

　被保護者が増加し、受給期間が長期化すればするほど、税金からの支出が多くなる。一人でも多くの被保護者が自立し、保護の廃止となれば、公費を投入しなくてよくなるだけでなく、今度は、かつての被保護者が納税者となり、税収入が増えることになり、よい経済循環が生まれるだろう。また、支援の受け手だった人が支え手となるような参加の場や就労の場を地域のなかに見つけ、

地域ネットワークを構築していくことができれば、地域共生社会の実現にも近づくだろう。

◆◆◆◆　自学自習のためのヒント　◆◆◆◆

1. 自分の1か月の生活費がどの程度かかっているのかを調べ、保護基準と照らし合わしてみよう。
2. 本文中に紹介した判例、あるいはほかの判例の争点と判決内容について調べてみよう。また、その判決は妥当だと思うか話し合ってみよう。
3. あなたの住んでいる自治体が行っている生活困窮者に対する支援事業について調べてみよう。

【引用文献】

1）岩田正美「現代の貧困について」『生活と福祉』No.627　全国社会福祉協議会　2008年　p.8
2）小山進次郎『改訂増補　生活保護法の解釈と運用』中央社会福祉協議会　1950年　p.116
3）中川清「生活保護の対象と貧困問題の変化」『社会福祉研究』第83号　鉄道弘済会　2002年　pp.32−34

【参考文献】

・小山進次郎『改訂増補　生活保護法の解釈と運用』中央社会福祉協議会　1950年
・岩田正美『現代の貧困―ワーキングプア/ホームレス/生活保護』筑摩書房　2007年
・岩田正美・岡部卓・杉村宏編『新・社会福祉士養成テキストブック　公的扶助論』ミネルヴァ書房　2007年
・OECD編・高木郁朗監訳『図表でみる世界の社会問題2　OECD社会政策指標―貧困・不平等・社会的排除の国際比較』明石書店　2008年
・生活保護制度研究会編『保護のてびき　令和5年度版』第一法規　2023年
・厚生労働省「令和3年度　被保護者調査（月次調査確定値）」2023年3月1日

第6章 子どもと家庭の福祉

第 1 節　子ども家庭福祉の理念

1　子どもの立場を理解しよう

(1)　変化した子どもの見方

❶権利の主体となった子ども

　子どもは、地球人口のおおよそ半数を占める弱者である。子どもは、大人に全く依存しており、肉体的、精神的にあらゆる影響を受けやすい。だからこそ、未来の社会を築く子どもたちを護るのがわたしたち大人の責務である。

　しかし子どもは、このような立場にあるが、決して大人として未成熟であるというだけではない。コルチャック（J. Korczak）が述べるように、「子ども時代は、準備の時期ではなく、人生の一要素・不可欠の部分であり、大人時代にとっての要・不要によっては図り得ない絶対的価値をもち、人生の他の時代と同様に価値をもち、子どもはだんだんと人間になるのではなく、すでに人間である」[1]と理解されるようになってきた。他方、子どもに対するとらえ方として、ラス（G. H. Russ）は「子どもたちは、『政治的力、選挙権、財産が無いために我々の社会で、最も傷つきやすい状態におかれたままである』が、ようやく『所有物から人間へ』とみなされるようになった」[2]という。また、アレモ（K. Alaimo）は「20世紀の終わりの20年間、子どもの権利の概念と子どもたちに関する世界観が劇的に変化し」、「国際的な焦点が、子どもたちへの諸々のサービスの種類への関心から、子どもたちが市民社会に積極的に参加できる枠組みをどう発展させるかに移っていった」[3]と述べている。

❷子どもは大人と対等なパートナー

ブランネン（J. Brannen）とモス（P. Moss）は、「子どもは、社会に貢献する能力をもっているにもかかわらず、一方的に大人が保護・管理して、市民権を奪い取ってきた。社会の構成員として貢献し、相互に発展しあえる対等な存在として、子どもを見直すべきである。養育を相互依存と相互利益にもとづく相互発展の機会ととらえ直し、子どもの市民権を回復することがケアの本質である」[4]と述べている。また、国際的な動向として、国連ガイドラインは「子どもが大人と完全で対等なパートナーという認識にたち、市民としての役割や責任を果たせる条件の保障を重要視しなければならない」[5]としている。

(2) 子どもの定義

「子供」を広辞苑でみると、①自分の儲けた子、②幼いもの、③目下の者を親しんでいう場合の人々などとあり、さらに「子供あつかい」は、①子どもの世話、大人を子供のようにみくびって扱うこと、「子供心」は、子供の、わきまえのない心と説明されている。このように「子供」には、大人より下で、従属の関係にあるという意味合いが含まれている。童謡詩人・金子みすゞの詩は、子どもの世界や思考を考慮しない大人のありようをよく表しており今でも新しい。

蓄音器

大人はきっとおもっているよ、
子供はものをかんがえないと。

だから、私が私の舟で、
やっとみつけたちいさな島の、
お城の門をくぐったとこで、
大人はいきなり蓄音器をかける。

私はそれを、きかないように、
話のあとをつづけるけれど、
唄はこっそりはいって来ては、
島もお城もぬすんでしまう。

出典：『金子みすゞ童謡全集』JULA出版局

　近年、「児童」あるいは「子ども」のどちらの表現を用いるかの議論があり、「児童の権利に関する条約」(1989年採択) を和訳する際には、「Child」をどのように表現するか、2つの見解が示された。1つは、厚生省 (現：厚生労働省)が「国連・児童の権利に関する宣言」(1959年採択) と称したように「児童」と訳す慣例にしたがった政府訳である。一方、国際教育法研究会は、①条約が、Childを発達可能態で、権利を行使する主体ととらえているなどの理由から「子ども」の用語を推奨した。このような経緯もあり、政府訳では「児童」を用い、広報等の際には「子ども」を用いるなど、併用表記できるようになった[6]。

2　児童福祉から子ども家庭福祉へ

　子どもの福祉は、児童福祉法では児童福祉と表現されている。しかし、近年、子どもの福祉を成り立たせる基盤を子ども家庭福祉という概念で説明するようになってきた。すなわち、児童の保護的福祉 (ウェルフェア・welfare) から人権や自己実現を重視する子どもと家庭の福祉 (ウェルビーイング・well-being) の保障の方向である。

(1)　家庭を取り巻く状況の変化

　厚生省[7] は、家庭について「家族は通文化的な概念だが、家庭には個の確立した近代の価値観がある。家庭は、愛し愛され、慈しみ慈しまれるという相互作用しあう個人が前提である。その意味で、家族集団に個が埋没していた前近代と決別した理念のうえにある」とし、「日常の生活をともにする成員相互が、情緒に基づく相互作用を行うことによって、生理的、社会的、文化的、保健的欲求を充足するシステムである」と定義した。また、「家庭では、第一次的なウェルビーイングの追及と個性、能力、意欲や社会性の涵養により、自己実現をめざす個人の基本的権利を最高度に保障し、個人の生き方を支援するシステムである。親役割モデルの提供も家庭の養育機能」とされているように、人類の歴史では、家族は、数千年にわたり社会の中核を担ってきた。しかし家族形態は、大家族から核家族化し、また、地域のつながりの希薄化など社会環境が変化してきた。

それにもかかわらず、家族は飢餓、貧困、失業、疾病など多くの危機と、経済およびライフスタイルの構造変化に直面しながら、依然として、子どもの規範をはじめ、文化的価値の保護・伝達という極めて重要な役割を担っている。

⑵　子どもと家庭を支援する政策の重要性

近年、わが国でも地縁・血縁による相互扶助体制は崩壊し、子どもが自由に遊べる環境は減少し、身近に相談相手がいないなど、子育ては孤立化し、負担感が増している。

現代社会のさまざまな危機と構造変化への対応は、個々の家庭の努力だけでは、とても困難な時代である。エスピン＝アンデルセン（G. Esping-Andersen）[8] は、「家族はますます多様化するが、家族は子どもの幸せにとって必要不可欠である。子どもを経済的窮乏から保護する政策が必要となってくる。一般的に、子育てコストは増大しているが、子どもが将来、社会に還元する利益も増加している。家族政策を再考し、育児と仕事の両立を図ること」の重要性を説き、「保育施設の利用により、子育てへの親の潜在的義務が適度に限定されると、かえって、子どもとかかわる時間も回数も増加する。認知能力の基盤は幼少期に決定されるため、すべての子どもたちが同じスタート・ラインに立てるようにしなければならない。子どもたちに大きく投資すれば、成果は、社会全体にとって大きなものとなる」と述べている。

このように、子どもが生まれる前から子どもと家庭の福祉に力を入れることの重要性が認識されるようになったのは、2000年代前後頃のことである。先進諸国で核家族化や少子化が進み、将来人口が減少することを問題と考えるようになったからである。

⑶　子ども家庭福祉を支援する国際的動向
❶国連の国際家族年〔1994年（1989年国際連合総会採択）〕

国連は、1994年を国際家族年とし、家庭という基本的制度を支える国際協力を促進した。国際家族年によって、世界の注目は、家族成員の福祉に不可欠な情緒的、財政的および物質的援助の源泉となる家族の機能を十全に達成するこ

とに向けられた。国際家族年に向けた世界NGOフォーラムでは、「国際家族年は、家族と社会全般の双方において、人権、特に子どもの権利、個人の自由、男女平等の促進を支援しなければならない」[9]と強調された。

❷世界の子どもの生活格差と貧困への認識の広がり

　世界の子どもの生活と子ども家庭福祉の発展は、国家や地域によって格差がみられる。発展途上国の子どもの生活は、命を守るための基本的な基盤そのものが未整備であり、依然として深刻な厳しい状況にある。一方、先進諸国においても子どもの貧困と生活格差の深化が近年、認識されるようになった。

①発展途上国の子どもたちの貧困

　国連のミレニアム開発目標（MDGs）（国連ミレニアム開発目標報告2015）は、1990年には、開発途上国の半数に近い人口が1日1.25ドル以下で生活していたが、2015年には14％まで減少した。しかし、約8億人がいまだに極度の貧困のなかで生活し、飢餓に苦しんでいる。そのため国連は、2015年9月25日「私たちの世界を転換する：持続可能な開発のための2030アジェンダ」（SDGs）を宣言し、①貧困をなくそう、②飢餓をゼロに、③すべての人に健康と福祉を、④質の高い教育をみんなに、⑤ジェンダー平等を実現しよう、⑥安全な水とトイレを世界中に、⑦エネルギーをみんなにそしてクリーンに、⑧働きがいも経済成長も、⑨産業と技術革新の基盤をつくろう、⑩人や国の不平等をなくそう、⑪住み続けられるまちづくり、⑫つくる責任つかう責任、⑬気候変動に具体的な対策を、⑭海の豊かさを守ろうなどの17項目の持続可能な開発目標を掲げ、貧しい国、豊かな国、中所得国を含め、あらゆる国々に行動を求めた。また、貧困に終止符を打つためには、経済成長を実現し、教育や保健、社会保障、雇用機会を含む幅広い社会的ニーズに対応する一方で、気候変動や環境保護にも取り組む計画が必要だという認識を示した[10] [11]。

　世界銀行のレポートは、極度の貧困削減と繁栄の共有を促進するには、弱者を経済に取り込みさえすればよいのでなく、発言権やエンパワーメントの確保ができる包摂的な社会とすることが必要と述べている[12]。

②先進諸国における子どもの貧困

　すべての子どもたちが貧困から抜け出て、貧困の連鎖を断ち切る対策が加盟国にとっての課題である。国連は、2012年5月に"子どもの貧困撲滅を政策の優先課題に"を掲げた。そして、ユニセフ・イノチェンティ研究所の報告書は、子どもの貧困の状況を各国政府が継続的に監視し、政策の優先課題として取り組むべきと訴えている。なぜなら「貧困の世代間連鎖」は起こる可能性があり、また、学習基盤や不平等の主な源泉は就学前までさかのぼるからである[13]。

　またユニセフ・イノチェンティ研究所の報告書によると、2018年41か国の子どもの相対的貧困率[*1]は、平均で20.0％、最も低いアイスランドで10.4％、最も高いトルコで33.0％、日本は18.8％（低い順から17番目）だった。しかし、子どもの相対的貧困率が最も低い国が、必ずしも所得格差が最も小さな国であるとは限らない。これには、旧共産国に比べて北欧諸国は子どものいる世帯を対象とした公的支出が多いといった理由もある。

　2015年の先進国の家族向け公的支出（現金給付、サービス、税の優遇措置を通した）では、フランス、英国、スウェーデン、ハンガリー、デンマーク、アイスランド、ノルウェーが41か国の上位に位置し、日本は下から8番目である。

　また、公的教育費の対GDP比率の国際比較統計をみるとOECD33か国中、多い順に、アイスランド、スウェーデン、ノルウェー、デンマーク、フィンランドであり、日本は、33か国中33位であった[14]。

　先のユニセフ・イノチェンティ研究所の報告書（2018年）による子どもの幸福度の総合順位38か国（精神的健康、身体的健康、学力・社会的スキル）では、オランダ、デンマーク、ノルウェー、スイス、フィンランドが上位にあり、日本は、20位であった。本報告書でユニセフは、高所得国が3つの行動（①子どもの意見を聴く、②政策を連携させる、③強固な土台を構築）をすることで、子どもの幸福度は高まるとしている[15]。

---

　*1　世帯人数、構成の違いを調整した世帯所得がその国の中央値の60％に満たない世帯に暮らす子どもを相対的に貧困であると定義している。

⑷　子どもの権利の発展

❶児童権利宣言（1959年11月20日国連総会採択）

「児童権利宣言」の底流にある基本的なテーマは「子どもは特別な保護と優先的なケアを必要としている」ということである。

❷児童の権利に関する条約（通称、子どもの権利条約）

1989年に国連で採択された「子どもの権利条約」は、18歳未満の子どもたちの基本的人権を保障するものである。この条約は子どもたちを権利をもつ主体として位置づけ、彼らを成人と同様に人間としての権利を認めている。同時に、子どもが成長する過程で必要な保護や配慮も考慮し、子どもならではの権利も規定している。この条約は前文と本文54条から成り立ち、子どもの生存、発達、保護、参加などに関連する多くの権利を具体的に明示している。

　子どもの権利を尊重し実践するために、「子どもの権利条約」には4つの重要な原則がある（図6－1参照）。これらの原則は、条文に明記された権利だけでなく、他の権利との調和も常に考慮されるべきである。なお、この4つの原則は、こども基本法（2023（令和5）年4月施行）にも取り入れられている原則でもある。

図6-1　子どもの権利条約の4つの原則

差別の禁止（第2条）、子どもの最善の利益（第3条）、生命・生存、発達の権利（第6条）、子どもの参加（第12条）の4つの基本理念が子どもの権利条約の精神を具現化している。

第2節　子ども家庭福祉の法律

1　児童福祉の法律

子ども家庭福祉にかかわる法律は、日本国憲法を基本に、児童福祉の法律を中核として、社会福祉、教育、医療・公衆衛生・保健、司法、労働、社会保険と広範囲にわたる。児童福祉の法律は、児童福祉六法と呼ばれる「児童福祉法」「児童扶養手当法」「母子及び父子並びに寡婦福祉法」「特別児童扶養手当等の支給に関する法律」「母子保健法」「児童手当法」である。

(1) 児童福祉法（1947（昭和22）年）

❶児童福祉法の制定

第二次世界大戦後の国民の生活は困窮と混乱を極め、社会的環境や保健衛生環境は劣悪であった。戦災孤児や浮浪児と呼ばれる子どもたちは、街を徘徊し、かっぱらいなどの非行を余儀なくされることが多かった。このような子どもたちを緊急に保護することと、ベビーブームに伴い急増する子どもたちへの対応が児童福祉行政の重要な課題となっていたことを背景に、日本国憲法の理念のもと、1947（昭和22）年12月に「児童福祉法」が制定され、すべての児童の福祉を国の責任で、ひとつの体系のもとで推進することとなった。

児童福祉法は、保護を必要とする子どものみにとどまらず、次代の担い手である児童一般の健全な育成、すべての児童の福祉の積極的増進を基本的精神とする、児童についての総合的福祉立法であった[16]。

❷児童福祉法の理念

2016（平成28）年の改正により、児童福祉法の理念について児童の権利に関する条約の精神に沿うことが明文化され、児童が、児童福祉の「対象」から児童福祉を受ける「権利主体」となることが明確化された。

児童福祉の理念は、第1章の総則に次のように規定されている。

> 第1条　全て児童は、児童の権利に関する条約の精神にのっとり、適切に養育されるこ
> と、その生活を保障されること、愛され、保護されること、その心身の健やかな成長
> 及び発達並びにその自立が図られることその他の福祉を等しく保障される権利を有す
> る。
> 第2条　全て国民は、児童が良好な環境において生まれ、かつ、社会のあらゆる分野に
> おいて、児童の年齢及び発達の程度に応じて、その意見が尊重され、その最善の利益
> が優先して考慮され、心身ともに健やかに育成されるよう努める。
> ②　児童の保護者は、児童を心身ともに健やかに育成することについて第一義的責任を
> 負う。
> ③　国及び地方公共団体は、児童の保護者とともに、児童を心身ともに健やかに育成す
> る責任を負う。
> 第3条　前2条に規定するところは、児童の福祉を保障するための原理であり、この原
> 理は、すべて児童に関する法令の施行にあたつて、常に尊重されなければならない。

❸児童福祉法の構成

　児童福祉法は「総則」「福祉の保障」「事業、養育里親及び養子縁組里親並び
に施設」「費用」「国民健康保険団体連合会の児童福祉法関係業務」「審査請求」
「雑則」「罰則」の8章からなる。「総則」には、理念、児童育成の責任、原理
の尊重、国及び地方公共団体の責務、児童等の定義、児童福祉審議会等、児童
福祉司や保育士等について規定されている。福祉の保障には、療育の指導等、
居宅生活の支援、助産施設、母子生活支援施設および保育所への入所等、要保
護児童の保護措置等が規定され、事業、養育里親および施設には、障害児通所
支援事業等の開始等、子育て短期支援事業、地域子育て支援拠点事業、乳児院、
児童養護施設等の各種施設や里親等の目的等が規定されている。

❹児童福祉法の対象

　児童福祉法の対象は、「児童および障害児」「妊産婦」「保護者」である。
　児童とは「満18歳に満たない者」と規定し、さらに、乳児を「満1歳に満た
ない者」、幼児を「満1歳から、小学校就学の始期に達するまでの者」、少年を
「小学校就学の始期から、満18歳に達するまでの者」と区分している。また、
障害児とは、身体に障害のある児童、知的障害のある児童、精神に障害のある
児童（発達障害児を含む）または治療方法が確立していない疾病等のある児童
である。妊産婦とは「妊娠中又は出産後1年以内の女子」、保護者とは「親権を
行う者、未成年後見人その他の者で、児童を現に監護する者」と規定している。

(2)　こども基本法（2022（令和4）年）

❶こども基本法の制定

　少子化や人口減少に歯止めがかからず、児童虐待相談や不登校件数が過去最多となり、そのうえ、コロナ禍も加わり、子どもを取り巻く状況が深刻さを増している。そこで、子どもの最善の利益を第一に、子ども施策を社会全体で、総合的かつ強力に実施していくための包括的な基本法として、こども基本法が2022（令和4）年6月に成立し、2023（同5）年4月から施行された。こども基本法に基づく、子ども施策の基本的な方針等を定めるこども大綱の策定が進められている。

　ただし、ユニセフも推奨していた「子どもコミッショナー」（子どもの権利状況をモニターし、子どもたちの声を政策に反映させるためのしくみ）の設置は見送られた。

❷こども基本法の目的

　第1条では、こども基本法の目的を次のように規定している。なお、子どもの定義を「心身の発達の過程にある者」（第2条）としている。

> 第1条　この法律は、日本国憲法及び児童の権利に関する条約の精神にのっとり、次代の社会を担う全てのこどもが、生涯にわたる人格形成の基礎を築き、自立した個人としてひとしく健やかに成長することができ、心身の状況、置かれている環境等にかかわらず、その権利の擁護が図られ、将来にわたって幸福な生活を送ることができる社会の実現を目指して、社会全体としてこども施策に取り組むことができるよう、子ども施策に関し、基本理念を定め、国の責務等を明らかにし、及び子ども施策の基本となる事項を定めるとともに、子ども政策推進会議を設置すること等により、こども政策を総合的に推進することを目的とする。

❸こども基本法の基本理念

　第3条では、基本理念を次のように規定している。

> 一　全てのこどもについて、個人として尊重され、その基本的人権が保障されるとともに、差別的取扱いを受けることがないようにすること。
> 二　全てのこどもについて、適切に養育されること、その生活を保障されること、愛され保護されること、その健やかな成長及び発達並びにその自立が図られることその他の福祉に係る権利が等しく保障されるとともに、教育基本法（平成18年法律第120号）の精神にのっとり教育を受ける機会が等しく与えられること。

三　全てのこどもについて、その年齢及び発達の程度に応じて、自己に直接関係する全ての事項に関して意見を表明する機会及び多様な社会的活動に参画する機会が確保されること。

四　全てのこどもについて、その年齢及び発達の程度に応じて、その意見が尊重され、その最善の利益が優先して考慮されること。

五　こどもの養育については、家庭を基本として行われ、父母その他の保護者が第一義的責任を有するとの認識の下、これらの者に対してこどもの養育に関し十分な支援を行うとともに、家庭での養育が困難なこどもにはできる限り家庭と同様の養育環境を確保することにより、こどもが心身ともに健やかに育成されるようにすること。

六　家庭や子育てに夢を持ち、子育てに伴う喜びを実感できる社会環境を整備すること。

(3)　子育て家庭に対する経済的支援と母子の健康と生活を守るための法律

　子育て家庭に対する経済的支援と母子の健康と生活を守るための法律は、表6-1のとおりである。

表6-1　子育て家庭に対する経済的支援と母子の健康と生活を守るための法律

児童扶養手当法 1961（昭和36）年	同法による「児童扶養手当」は、父母の離婚などで、父または母と生計を同じくしていない子どもが育成される家庭（ひとり親家庭等）の生活の安定と自立の促進、子どもの福祉の増進を図ることを目的に支給されるものである。 　2010（平成22）年8月から、父子家庭にも支給されるようになったほか、2012（同24）年8月から、その支給要件に、配偶者からの暴力（DV）で「裁判所からの保護命令」が出された場合が加わった。
母子及び父子並びに寡婦福祉法 1964（昭和39）年	母子家庭等や寡婦の生活の安定と向上のために必要な措置により福祉を図ることを目的とする。総合的な母子福祉対策のため、1964（昭和39）年）に成立した「母子福祉法」が1981（同56）年に改称されたもので、母子家庭の母であった寡婦や父子家庭に対象が拡大された。また、離婚の増加など母子家庭をめぐる諸状況に的確に対応するため、就業による自立の促進を主眼とした母子家庭対策を見直すこととされ、2002（平成14）年に改正された。さらに、2014（同26）年に、法の題名に「父子並びに」を加え、基本理念で母子家庭の母および父子家庭の父と寡婦の健康で文化的な生活の保障を謳った。
特別児童扶養手当等の支給に関する法律 1964（昭和39）年	同法による「特別児童扶養手当」は、精神または身体に障害のある20歳未満の障害児の福祉の増進を図ることを目的に、障害児を監護している父または母に、父母がいないか監護していない場合には養育者（その障害児と同居して監護し、生計を維持している者）に対して支給されるものである。 　当初は、重度知的障害児に支給する制度として発足したが、1966（昭和41）年に重度の身体障害児にも支給が拡大された。 　なお、同法には、重度の障害児・者を支給対象とした「障害児福祉手当」「特別障害者手当」についても定められている。

母子保健法 1965（昭和40）年	母性と乳幼児の健康の保持・増進を図るため、母子保健に関する原理を明らかにするとともに、母性と乳幼児に対する保健指導、健康診査、医療その他の措置を講じて、国民保健を向上させることを目的とする。①母性の尊重、②乳幼児の健康の保持増進、③母性及び保護者の努力、⑤国及び地方公共団体の責務等について規定されている。
児童手当法 1971（昭和46）年	わが国の社会保障制度のなかで懸案となっていた子どもを養育する家庭に対する手当制度として、1971（昭和46）年に児童手当法が制定、翌1972（同47）年から施行された。第3子以降の義務教育終了前の子どもを対象に始まり、以降、幾多の改正を経て対象等が拡充されてきた。 　児童手当は「①家庭等の生活の安定に寄与する、②次代の社会を担う児童の健やかな成長に資すること」を目的に支給されるが、その対象は、中学校修了までの国内に住所を有する子どもを養育するものとし、また、所得制限が設けられている（夫婦と子ども2人の場合、所得限度額（年収ベース）で960万円未満）。

2　少子化対策と次世代育成支援対策

　2000年代に入ると少子高齢社会への対応が急務の課題となり、長期的展望にたった総合的な少子化対策、次世代の健全育成対策の実施がめざされた。

⑴　少子化社会対策基本法と次世代育成支援対策推進法
❶少子化社会対策基本法

　2003（平成15）年7月に成立した。少子化社会における施策の基本理念と国と地方公共団体の責務を定め、総合的かつ長期的な少子化対策の大綱を定めるための法律である。2004（同16）年、2010（同22）年に続き、2015（同27）年に、少子化社会対策大綱を閣議決定した。

　結婚、妊娠、子ども・子育てに温かい社会の実現のために、社会全体で行動を起こすべきとした。子育て支援施策を一層充実させることを重点課題のひとつにあげ、後述する子ども・子育て支援新制度の円滑な実施が述べられている。

❷次世代育成支援対策推進法

　2005（平成17）年から10年間の時限立法として、次世代の社会を担う子どもが健やかに生まれ、かつ育成される環境を整備するために、次世代育成支援対策の基本理念と国の行動計画策定指針に基づく対策の推進を定めたものである。

⑵　子ども・子育て関連三法

❶子ども・子育て関連三法の成立

　すべての子どもの良質な成育環境を保障し、子ども・子育て家庭を社会全体で支援するために、子ども・子育て支援関連の制度・財源の一元化がめざされた。2012（平成24）年８月、「子ども・子育て支援法」「就学前の子どもに関する教育、保育等の総合的な提供の推進に関する法律の一部を改正する法律（いわゆる認定子ども園法の一部改正法）」「子ども・子育て支援法及び就学前の子どもに関する教育、保育等の総合的な提供の推進に関する法律の一部を改正する法律の施行に伴う関係法律の整備に関する法律」の三法が成立した。さらに、2015（同27）年度から子ども・子育て支援新制度として本格的にスタートした（p.108参照）。

❷子ども・子育て支援法（2012（平成24）年）

　目的は、「我が国における急速な少子化の進行並びに家庭及び地域を取り巻く環境の変化に鑑み、児童福祉法（中略）その他の子どもに関する法律による施策と相まって、子ども・子育て支援給付その他の子ども及び子どもを養育している者に必要な支援を行い、もって一人一人の子どもが健やかに成長することができる社会の実現に寄与すること」である。

3　子どもの権利擁護など、そのほかの児童福祉関連法

⑴　児童虐待の防止等に関する法律（2000（平成12）年）

❶児童虐待の定義

　同法第２条において、保護者（親権を行う者、未成年後見人その他の者で、児童を現に監護するもの）によって加えられる行為を前提として、表6－2のように定義されている。

❷児童虐待相談の増加とその背景

　全国の児童相談所での児童虐待相談件数は、統計をとり始めた1990（平成２）年より、年々増加し死亡件数も高い水準で推移している。

　厚生労働省では、なぜ、児童虐待の相談が増えたのかということについて、次の見解をあげている。

表6-2　児童虐待の定義（児童虐待の防止等に関する法律第 2 条）

①身体的虐待	子どもの身体に外傷が生じ、または生じるおそれのある暴行を加えること（殴る、蹴る、激しく揺さぶる、熱湯をかける、冬に戸外に閉め出すなどの行為）。
②性的虐待	子どもにわいせつな行為をすること、または児童をしてわいせつな行為をさせること（子どもへの性交、性的行為を強制する、性器や性交を見せる、ポルノ写真の被写体に強要するなどの行為）。
③ネグレクト（養育の怠慢・拒否）	子どもの心身の正常な発達を妨げるような著しい減食または長時間の放置、保護者以外の同居人による①②④に掲げる行為と同様の行為の放置、保護者としての監護を著しく怠ること（適切な食事を与えない、風呂に入れない、極端に不潔な環境で生活をさせる、重大な病気になっても病院に連れて行かない、乳幼児を家に残したまま度々外出する、パチンコ店の駐車場の自動車内に乳幼児を放置するなどの行為）。
④心理的虐待	子どもに対する著しい暴言または著しく拒絶的な反応、その他の子どもに著しい心理的外傷を与える言動を行うこと（言葉で脅す、無視する、心を傷つけることを繰り返し言う、ほかのきょうだいと激しく差別する、配偶者等に対する暴力等による子どもへの心理的外傷を与えるなどの行為）。2004（平成16）年の改正により、子どもが同居する家庭における配偶者（内縁関係を含む）に対する暴力も、たとえ子どもに直接暴力を振るっていなくても子どもに心理的外傷を与えるとして、心理的虐待に該当すると定められた。

①家庭・地域の養育力の低下：核家族化や地域のつながりが希薄になってきたことで、子育てしにくい社会になってきたといわれている。昔は、大家族のなかで親戚や隣・近所に助けてもらいながらみんなで子育てしていたが、現在は家庭での子育てが孤立しやすくなっていること。

②児童虐待の認識の広まり：悲惨な事件の報道や、制度の改正、広報の強化などによって、国民が児童虐待という社会問題に関心をもつことにより、これまで気づかれなかった児童虐待が児童相談所につながるようになってきたこと。

❸児童虐待予防のシステム、早期発見・早期相談・通報

　虐待が深刻になる前に子育ての問題を抱える家庭を支援し、虐待が起こった場合は、できるだけ早く子どもを保護し、家庭への継続的支援を図ることが重要である。2004（平成16）年の改正により、被虐待児に対する市町村の体制強化のために、関係機関が連携する「要保護児童対策地域協議会」が法定化され

た（図6-2参照）。

　なお、児童虐待防止法、児童福祉法、民法（親権にかかわる事項等）の改正を重ね、さらなる児童虐待防止対策の強化が進められている。

　児童虐待の発生予防として、妊娠・出産・育児期に妊娠・出産・子育てに関する相談がしやすい体制の整備や、地域の子育て支援サービスの充実を図る乳児家庭全戸訪問事業（こんにちは赤ちゃん事業）、養育支援訪問事業、地域子育て支援拠点事業の主な子育て支援事業に加え、新たに子育て世代包括支援センター（法令上は母子健康包括支援センター）を開始した。子育て世代包括支援センターでは、地域のつながりの希薄化等により妊産婦等の孤立感や負担感が高まっているなか、妊娠期から子育て期までの支援を切れ目なく提供するために相談支援等を行う。

　さらに、2024（令和6）年4月施行の改正児童福祉法により、市町村は、子ども家庭総合拠点（児童福祉）と子育て世代包括支援センターの設立の意義と機能を維持しながら組織を見直し、すべての妊産婦、子育て世帯、子どもへ一体的に相談支援を行うこども家庭センターの設置に努めることとなった。こども家庭センターは、妊娠届から妊産婦支援、子育てや子どもに関する相談を支援につなぐためのマネジメント（サポートプランの作成）等を新たに担うことで、さらなる支援の充実・強化を図るものである。加えて、身近な地域子育て相談機関の整備に努めることが定められた。

　こども家庭庁は、新型コロナウイルス感染症（COVID-19）の感染拡大、流行にともなう、いわゆる「コロナ禍」の子どもの置かれた状況も踏まえ、児童虐待防止対策として、子どもの見守り強化アクションプラン（①様々なチャンネルを通じた子どもの実態把握と支援、②児童虐待通報・相談窓口の周知、③児童虐待防止施策とＤＶ施策の連携強化等、④体罰等によらない子育ての推進）を打ち出している（図6-3参照）。

(2)　そのほかの児童福祉関連法

　少年法は、満20歳未満の少年を健全に育成し、非行のある少年に対して性格の矯正および環境の調整を図るための保護処分を行うことなどを目的とした法

図6-2　地域における児童虐待防止のシステム

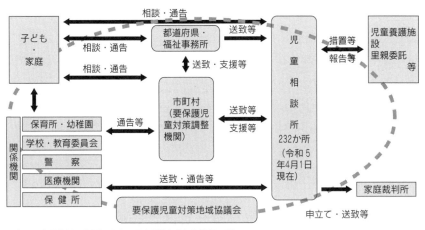

出典：厚生労働省編「令和5年版　厚生労働白書」資料編p.189

図6-3　こども家庭センター

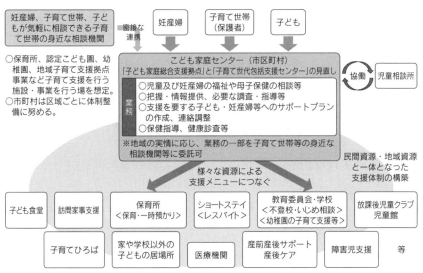

出典：こども家庭庁支援局虐待防止対策課「こども家庭センターについて」令和5年8月3日
　　　https://www.mhlw.go.jp/content/11907000/001127396.pdf

律である。

　DV防止法（配偶者からの暴力の防止及び被害者の保護等に関する法律）は、配偶者間の暴力（DV：ドメスティック・バイオレンス）が被害者への重大な権利侵害であり、犯罪行為であることから、配偶者からの暴力を防止し、被害者の保護を図る施策等を定めた法律である。

　そのほか、児童買春禁止法（児童買春、児童ポルノに係る行為等の規則及び処罰並びに児童の保護等に関する法律）、育児・介護休業法（育児休業、介護休業等育児又は家族介護を行う労働者の福祉に関する法律）、発達障害者支援法および障害者総合支援法などがある。

第 3 節　子ども家庭福祉サービスとしくみ

1　子ども家庭福祉行政

　子ども家庭福祉行政は、国と都道府県・政令指定都市によって行われる。国の所管は、令和5（2023）年4月、こども家庭庁（内閣府の外局）の設置に伴い、こども基本法の施行と同時に、厚生労働省からこども家庭庁へ移管された。子どもを取り巻くあらゆる環境を視野に入れ、子どもの権利を保障する「こどもまんなか」社会の実現に向けて、子ども政策を総合的で強力に進めることを目的としている。具体的な業務は、次のような機関・施設等が実施する。

2　主な行政機関の役割

(1)　児童相談所

　児童相談所は、児童福祉法に基づく子ども家庭福祉の第一線の専門行政機関である。都道府県と政令指定都市は設置が義務づけられており、中核市などにおくことができる。

　児童相談所は、18歳未満の子どもに関するあらゆる相談に応じるが、2004（平成16）年の児童福祉法の改正により、一義的な相談窓口は市町村となり、児童相談所では、より高度な専門的な対応が必要とされるものに応じることに

なった。その業務は、①専門的な知識や技術を必要とする子どもに関する諸問題について、家庭などからの相談に応じる、②必要な調査と医学的、心理学的、教育学的、社会学的、精神保健上の判定を行う、③調査、判定に基づき必要な指導を行う、④子どもの一時保護を行う、⑤児童福祉施設等の措置を行う、⑥市町村への必要な助言を行うなどがあげられる。

(2)　福祉事務所

　福祉事務所は、いわゆる福祉六法（p.41参照）に規定される援護、育成または更生の措置に関する事務を担当する社会福祉の総合的な中枢行政機関であり、都道府県および市（特別区を含む）に必置される。その業務は、①所管区域内の地域の実情を把握する、②子どもおよび妊産婦の福祉に関する相談、必要な調査、個別・集団による指導を行う、③助産・母子保護を行う、④被虐待児に関する通告の受理、母子・父子・寡婦福祉貸付資金の申請受理を行う、⑤専門的な判定、施設入所措置等を要する事例を児童相談所に送致するなどである。

　福祉事務所には、子ども家庭福祉に関する相談機能を高めるために家庭児童相談室を設置することができる。

(3)　保健所

　地域における公衆衛生の中核的な機関として、栄養改善、環境の衛生、精神保健などの業務を担い、子ども家庭福祉にかかわる母子保健を実施する重要な機関である。

　母子保健法の改正（1997（平成9）年）により、母子保健サービスの提供は原則として市町村に一元化されることとなった。

(4)　民生委員・主任児童委員

　民生委員は、子どもやその家庭、妊産婦の生活と環境を把握し、必要な相談・援助等を行い、社会福祉主事や児童福祉司の職務に協力する児童委員（児童福祉法）を兼ねている。1994（平成6）年に厚生労働大臣が児童委員のなかから区域を担当せずに児童福祉を専門的に担当するものを主任児童委員として指名

する制度ができた。児童委員の活動を支援し、児童家庭福祉の機関との連絡調整を行うこととされている。

3 子ども家庭福祉の現状

⑴ 児童福祉施設

　児童福祉法第7条による児童福祉施設とは、助産施設、乳児院、母子生活支援施設、保育所、幼保連携型認定こども園、児童厚生施設（児童館、児童遊園）、児童養護施設、障害児入所施設、児童発達支援センター、児童心理治療施設、児童自立支援施設、児童家庭支援センターおよび里親支援センターである。里親支援センターは、2024（令和6）年4月施行の改正児童福祉法により、児童福祉施設に位置づけられた。児童福祉施設の事業利用種別形態、設置主体、目的・対象者、窓口は、表6-3のとおりである。

⑵ 子ども・子育て支援

　子ども・子育て支援事業は、子ども・子育て家庭の状況や需要（ニーズ）に応じて実施されている。

　子どものための教育・保育施設は、保育所、幼稚園、認定こども園などである。これらの教育・保育施設では、通常の保育に加え、多様な保育の取り組みが実施されている（表6-4参照）。

　先述したように2012（平成24）年8月に子ども・子育て関連三法が成立し、幼児期の学校教育・保育、地域の子ども・子育て支援を総合的に推進することが図られた。

　その主なポイントは、①認定こども園制度の改善（幼保連携型認定こども園について、認可・指導監督の一本化、学校および児童福祉施設としての法的位置づけ）や普及、②認定こども園、幼稚園、保育園を通じた共通の給付（施設型給付）および待機児童の多い3歳未満児を対象とした小規模保育等への給付（地域型保育給付）の創設、③すべての子育て家庭のための地域の子ども・子育て支援の充実（利用者支援、地域子育て支援拠点等）である[17]（表6-5参照）。

表6-3 児童福祉施設

施設の種類	事業種別	利用形態	設置主体	目的・対象者	窓口
助産施設 （児童福祉法 第36条）	第二種	入所	都道府県 市町村 社会福祉法人 その他の者	保健上必要があるにもかかわらず経済的理由により入院助産を受けられない妊産婦を入所させ助産を受けさせる。	福祉事務所
乳児院 （児童福祉法 第37条）	第一種	入所	都道府県 市町村 社会福祉法人 その他の者	乳児（保健上、安定した生活環境の確保その他の理由により特に必要のある場合には、幼児を含む）を入院させて、これを養育し、あわせて退院した者について相談その他の援助を行う。	児童相談所
母子生活支援施設 （児童福祉法 第38条）	第一種	入所	都道府県 市町村 社会福祉法人 その他の者	配偶者のない女子またはこれに準ずる事情にある女子およびその者の監護すべき児童を入所させこれらの者を保護し、これらの者の自立推進のための生活支援と退所した者の相談その他の援助を行う。	福祉事務所
保育所 （児童福祉法 第39条）	第二種	通所	都道府県 市町村 社会福祉法人 その他の者	保育を必要とする乳幼児を日々保護者の下から通わせて保育を行う。	市町村 （福祉事務所）
幼保連携型 認定こども園 （児童福祉法 第39条の2）	第二種	通所	都道府県 市町村 社会福祉法人 その他の者	義務教育およびその後の教育の基礎を培うものとしての満3歳以上の幼児に対する教育および保育を必要とする乳児・幼児に対する保育を一体的に行う。	施設 市町村
児童厚生施設 （児童福祉法 第40条）	第二種	利用	都道府県 市町村 社会福祉法人 その他の者	児童遊園、児童館等児童に健全な遊びを与えて、その健康を増進し、情操をゆたかにする。	施設
児童養護施設 （児童福祉法 第41条）	第一種	入所	都道府県 市町村 社会福祉法人 その他の者	保護者のない児童（特に必要のある場合には、乳児を含む）、虐待されている児童その他環境上養護を要する児童を入所させて、これを養護し、あわせて退所した者に対する相談その他の自立のための援助を行う。	児童相談所
障害児入所施設 （児童福祉法 第42条）	第一種	入所	都道府県 市町村 社会福祉法人 その他の者	福祉型と医療型の区分に応じ障害児を入所させて保護するとともに日常生活の指導および独立自活に必要な知識技能を与える（医療型はこれに医療を付加）。	児童相談所
児童発達支援センター （児童福祉法 第43条）	第二種	通所	都道府県 市町村 社会福祉法人 その他の者	障害児を日々保護者の下から通わせて、日常生活における基本的動作の指導、独立自活に必要な知識技能の付与または集団生活への適応のための訓練及び治療を提供する。	児童相談所

児童心理治療施設 （児童福祉法 第43条の2）	第一種	入所 通所	都道府県 市　町　村 社会福祉法人 その他の者	家庭環境、学校における交友関係その他の環境上の理由により社会生活の適応が困難となった子どもを短期間入所または保護者の下から通わせてその情緒障害を治し、あわせて退所した者について相談その他の援助を行う。	児童相談　所
児童自立支援施設 （児童福祉法 第44条）	第一種	入所	国、都道府県 市　町　村 社会福祉法人 その他の者	不良行為をなし、またはなすおそれのある児童および家庭環境その他の環境上の理由により生活指導等を要する子どもを入所させ、または保護者の下から通わせて、個々の状況に応じて必要な指導を行い、その自立を支援し、あわせて退所した者について相談その他の援助を行う。	児童相談　所
児童家庭支援 センター （児童福祉法 第44条の2）	第二種	利用	都道府県 市　町　村 社会福祉法人 その他の者	地域の子どもの福祉に関する各般の問題につき、子どもに関する家庭その他からの相談のうち、専門的な知識および技術を必要とするものに応じ、必要な助言を行うとともに、市町村の求めに応じ、技術的助言その他必要な援助を行うほか、児童相談所長、都道府県から委託を受けて保護を要する児童またはその保護者に対する指導および児童相談所、児童福祉施設等との連絡調整等を総合的に行う。	施　設
里親支援センター （児童福祉法 第44条の3）	第二種	利用	都道府県 市　町　村 社会福祉法人 その他の者	里親支援事業を行うほか、里親及び里親に養育される児童並びに里親になろうとする者について相談その他の援助を行う。	児童相談　所

注：設置主体が都道府県や市町村の場合は「届出」により、社会福祉法人やその他の者の場合「認可」を受けて設立。
出典：福祉小六法編集委員会編『福祉小六法　2023年版』みらい　pp.182-183をもとに作成

表6-4　多様な保育の取組の現状

事　業　名	事　業　内　容
認可保育所	日中就労等している保護者に代わって、保育を必要とする乳幼児を保育する施設（原則として、開所時間11時間、保育時間8時間、開所日数約300日）。
延長保育事業	開所時間を超えて保育を行う事業。
夜間保育事業	22時頃までの夜間保育を行う事業（※開所時間は概ね11時間）。
病児保育事業	地域の病児・病後児について、病院、保育所等に付設された専用スペース等において、看護師等が一時的に保育する事業。
地域型保育事業	小規模保育事業等の地域型保育事業は、都市部においては、待機児童の80％以上を占める0～2歳児の待機児童の解消を図り、人口減少地域では、身近な地域での子育て支援機能を確保する等、重要な役割を満たす事業として、子ども・子育て支援新制度に新たに位置付けられた事業。
企業主導型保育事業	従業員の多様な働き方に応じた保育を企業が提供できるよう、保育施設の整備や運営に係る費用の一部を助成するもの。

出典：図6-2に同じ　資料編p.182を一部改変

表6-5　地域の子ども・子育て支援事業の取組の現状

	事 業 名	事 業 内 容
利用者支援	利用者支援事業	子どもとその保護者の身近な場所で、教育・保育・保健や地域の子育て支援事業等の情報提供や必要に応じ相談・助言等を行い、また、関係機関との連絡調整等を行うもの。
訪問支援	乳児家庭全戸訪問事業	生後4か月までの乳児のいるすべての家庭を訪問し、子育て支援に関する情報提供や養育環境等の把握を行うもの。
	養育支援訪問事業	養育支援が必要な家庭に対して、訪問による育児・家事の援助や技術指導等を行うもの。
親や子の集う場	地域子育て支援拠点事業	乳幼児とその保護者が交流を行う場を開設し、子育てについての相談や情報の提供、助言など援助を行うもの。
	児童館事業	児童に対する遊びを通じた集団的・個別的指導、放課後児童の育成・指導、母親クラブ等の地域組織活動の育成、年長児童の育成・指導、子育て家庭への相談等。
預かり	一時預かり事業	家庭において保育を受けることが一時的に困難となった乳幼児について、保育所、幼稚園、認定こども園、その他の場所で一時的に預かり、必要な保護を行うもの。
	子育て短期支援事業	短期入所生活援助（ショートステイ）事業	保護者が、疾病・疲労など身体上・精神上・環境上の理由により児童の養育が困難となった場合等に、児童養護施設など保護を適切に行うことができる施設において養育・保護を行う（原則として7日以内）。
		夜間養護等（トワイライトステイ）事業	保護者が、仕事その他の理由により、平日の夜間又は休日に不在となり児童の養育が困難となった場合等の緊急の場合に、児童養護施設など保護を適切に行うことができる施設等において児童を預かるもの。宿泊可。
相互援助	ファミリー・サポート・センター事業	児童の預かり等の援助を受けることを希望する者（依頼会員）と、援助を行うことを希望する者（提供会員）との相互援助活動に関する連絡・調整を実施するもの。

出典：図6-2に同じ　資料編p.182を一部改変

(3)　児童健全育成

　児童福祉法の理念は、すべての子どもの健やかな育成をめざすことである。子育てとならんで、"子育ち"という言葉を用いて、子どもの主体的な育ちを保障する環境づくりを掲げる自治体も多い。都市化の進展によって自由で安全な遊び場が減少している。このなかで、児童福祉施設の児童厚生施設である児童館と児童遊園が、子どもの健全な遊びの場を提供し、健康増進と情操を豊かにすることを目的とする施設として役割を果たしている。児童厚生施設では、児童厚生員（子どもの遊びを指導する者）が子どもの健全育成サービスを提供し

ている。

　そのほか共働き家庭の増加等を受けて、1997（平成9）年の児童福祉法の改正により、放課後児童健全育成事業（放課後児童クラブ）が、学齢児童の放課後支援として法定化された。

⑷　社会的養育

　家族（家庭）は、社会の基本的集団であり、子どもの生活・発達・福祉・保護にとって自然な環境である。一般的には、家庭での養育として、子どもは親や近親者の養護のもとで育っている。

　国連総会採択決議「児童の代替的養護に関する指針」（2009年12月）では、家族と代替的養護の重要性が述べられた。そのような国際的動向もふまえ、2016（平成28）年の児童福祉法の改正では、「国及び地方公共団体は、児童が家庭において心身ともに健やかに養育されるよう、児童の保護者を支援しなければならない」（第3条の2）と明記された。すなわち、社会的養育の対象はすべての子どもであり、家庭で暮らす子どもから代替養育を受けている子ども、その胎児から自立までが対象となる。

　さらに、2017（同29）年に示された「新しい社会的養育ビジョン」では、子どもが権利の主体であることを明確にし、家庭への養育支援から代替養育までの社会的養育の充実とともに、家庭養育優先の理念を規定し、実親による養育が困難であれば、特別養子縁組による永続的解決（パーマネンシー保障）や里親による養育を推進することを明確にした。

　同ビジョンでは、新たな社会的養育の考え方として、すべての局面において、子ども・家庭の参加と支援者との協働を原則とする。さらに、社会的養育において、子どもの成長発達の保障のための何らかのサービス形態を社会的養護とし、虐待やネグレクトなどのリスクを抱えた家庭への集中的な在宅支援である在宅指導措置も含むとしている。また、社会的養護には、保護者と分離している場合と分離していない場合があり、分離している場合を特に代替養育と呼ぶとしている。このような社会的養護を必要とする子どもを要保護児童という。児童福祉法第6条の3第8項は、要保護児童を「保護者のない児童または保護

者に監護させることが不適当であると認められる児童」と定義している。このような要保護児童に対しては、国および地方公共団体が、児童の保護者とともに、児童を心身ともに健やかに育成する責任を負っている（同法第 2 条）。さらに、国民には、要保護児童を発見したものが、市町村、都道府県の設置する福祉事務所もしくは児童相談所に通告する義務があり（同法第25条）、社会全体で子どもの養育の責任を負うことが明確に謳われている。

　子どもの最善の利益の観点から、家庭からの分離が必要になった場合にも一時保護から代替養育まですべての段階で、個々の子どものニーズに合った養育（ケア）がなされ、同時並行的に永続的解決を目指したソーシャルワークがなされることが原則とするとしている。

　社会的養護の体系は、在宅養護、家庭養護、施設養護に分けられる（図 6 - 4 参照）。

　家族と離れて、「社会的養護」で育つ子どもたちにとっても、今の環境とともに生物学的な親との関係やルーツも大事にしようと考えるのが最近の国際的な動向である。

図6-4　社会的養護の体系

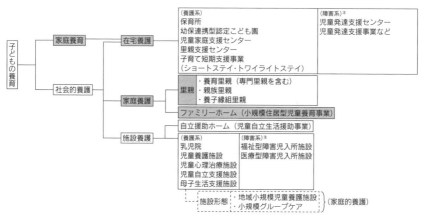

注：障害系施設は、療育や治療的ケアと併せて養護の役割を担う。
出典：喜多一憲監修・堀場純矢編『みらい×子どもの福祉ブックス　子ども家庭福祉　第2版』2024年　p.131

⑸　障害児

　あらゆる障害のある子どもたちへの対応や自立の支援など、身近な地域で
サービスを受けられる支援体制が強化されている（p.153表 8 - 4 参照）。

⑹　非行・情緒障害児への支援

　非行少年のうち、家庭環境に非行の主な原因がある者や比較的低年齢の者な
どは、児童福祉法の措置がとられる。具体的には児童相談所への通告や相談を
通じて、調査・判定・指導などが行われ、家庭での指導あるいは児童自立支援
施設や児童養護施設への入所、家庭裁判所への送致等である。少年法の犯罪少
年（罪を犯した14歳～20歳未満少年）、触法少年（刑罰法令に触れる行為をした
14歳未満少年）、虞犯少年（罪を犯すおそれのある少年）にあたり、少年法によ
る保護が必要な場合は、児童相談所、家庭裁判所を通じて、少年院・保護観察
所への入所等の対応がなされる。ここに至る子どもの成育環境をみると貧困等
の家庭環境の問題があり、基本的な生活習慣の習得がなされていない等が非行
行為の遠因となっていることが多い。個々の子どもの状況に応じて必要な教育・
指導や自立に向けた相談等を行い、退所後に円滑な生活が営めるよう支援する
ことがめざされている。

⑺　ひとり親家庭への支援

　ひとり親家庭とは、父子家庭・母子家庭をさす言葉である。ひとり親家庭へ
の支援では、育児や経済的支援など子育て中の家庭と同様のニーズがあるが、
ひとり親であることからより手厚い支援が必要になる。厚生労働書は、母子家
庭等の自立支援策として、2002（平成14）年に母子及び寡婦福祉法、児童扶養
手当法等を改正し、「就業・自立に向けた総合的な支援」へと施策を強化した。
具体的には、「①子育て・生活支援策（保育所への優先入所の法定化など）」「②
就業支援策（母子家庭等就業・自立支援センター事業の推進）」「③養育費の確
保策（養育費支払い努力義務の法定化等）」「④経済的支援策（児童扶養手当の
支給等）」の 4 本柱の施策を推進している。歴史的には、第二次世界大戦後の寡
婦と子どもへの母子寮対策など母子世帯への支援策が中心となってきた。なぜ

ならば、女性のほうが男性よりも、一層生活上の自立が困難であったためである。しかし、父子家庭の父においても、子育てと就業との両立等が困難であるため、父子家庭も支援の対象とされ、さらなる支援の拡充を図ること等を目的に2014（同26）年に改正された。これにより法律名も「母子及び父子並びに寡婦福祉法」と改称された。

(8)　母子保健施策

　母子保健施策は、母子保健法、児童福祉法等に基づき行われている。母子保健活動は、広く母性を対象とした母性と乳幼児に対する保健施策を一貫した体系のもとに行うこととされている。母性・乳幼児の健康の保持・増進のために市町村では、母子健康手帳の交付、保健指導、訪問指導（妊産婦、新生児）、健康診査（妊産婦、乳幼児、1歳6か月児、3歳児）などの基本的母子保健サービスを実施し、都道府県では、未熟児訪問指導、養育医療、療育の給付、小児慢性特定疾病対策事業などの専門的母子保健サービスを実施し、市町村への技術的援助も行う（図6－5参照）。

図6-5　母子保健事業の推進体制

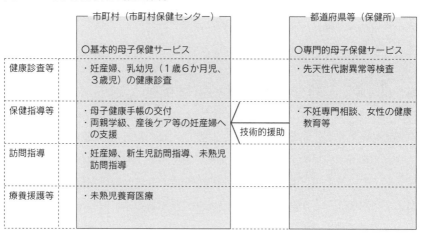

出典：厚生労働省「令和5年版　厚生労働白書」資料編p.193
　　　https://www.mhlw.go.jp/wp/hakusyo/kousei/22-2/dl/07.pdf

(9) 子どもの貧困問題と対策

　第1節でみたように、日本の子どもの相対的貧困率は先進国中高いほうである。日本の子どもの貧困問題の特徴は、貧困層が減らない、ひとり親家庭、とりわけ、母子家庭の貧困率が高く、離婚後の養育費の支払い義務化などの未整備、非正規雇用の増加、所得の再分配機能が働かないなどの問題がある。子どもの貧困は、給食のない学校の長期休み中にやせる子など不十分な衣食住や文化的環境、低学力、自己評価の低さ、不安感、排除、いじめの対象、育児放棄などを引き起こす。このような日本の子どもの貧困率の高さが国際的な統計で示されるようにもなり、子どもの貧困問題の対策が喫緊の課題となった。これらの課題解決に向け、2013（平成25）年、子どもの貧困対策に関する法律が成立した。これにより、"子供の貧困対策に関する大綱について"が閣議決定された。これは子どもの将来が生まれ育った環境によって左右され、貧困が世代間連鎖とならないよう環境整備と教育の機会均等をめざすものである。

　子どもの虐待は、子育て家庭の孤立、育児不安の心理面にとどまらず、子育て家庭の経済的問題、貧困化も大きな要因である。

　保育、教育、医療などの領域で貧困をやわらげ、すべての家庭が、経済的不安がなく、将来に希望を見出せるような環境で子育てできることが、重要である。子どもの権利を守り、子ども一人ひとりの潜在能力を引き出すことが、社会全体の活力の源になるという国際的な認識を共有して、社会全体で子どもを育てる意識への転換が重要である。

第4節　これからの子ども家庭福祉

　20世紀後半から、子どもの権利は、国際的には条約制定や国際家族年、子どもの貧困調査、発展途上国援助など進展をみてきた。少子高齢化の進展によって、一人ひとりの子どもが潜在的な能力を発展させて、自己実現できるためには、すべての子どもが同じスタートラインに立てるように家庭や社会に対する支援策の重要性も認識されてきた。

　しかし日本では、子どもの虐待、いじめや小中学生の自己肯定観の低さ、子

どもの自殺、過剰に安全を優先させた遊び環境の劣化、通院や食事を制限するなどの貧困状態にある子どもたちの増加等の社会問題がいまだ解決されていない。これからの子ども家庭福祉は、①起きた問題への対処型の福祉からリスクを回避する支援体制を整備する予防型の福祉へ（たとえば、子育ての孤立が子どもの虐待につながらないように、貧困や虐待連鎖等のリスクへの対応など、妊娠・出産から家庭ぐるみで新たな家族を迎えられるような支援体制づくり）、②子どもの保護的福祉（welfare）から積極的に人権や自己実現を保障するウェルビーイング（well-being）へ（たとえば、家族扶養や保護の対象としての子ども観を超えて、社会の一構成員として子ども自身が考え、選択、自己決定し、行動できるような環境の整備）の2点が重要である。そのためには、社会全体で子どもたちの自身の育ちを保障するような環境づくりをめざされなければならない。

◆◆◆◆ 自学自習のためのヒント ◆◆◆◆

1. 家庭や社会の経済的・社会的な問題の子どもへの影響について調べてみよう。
2. 子どもの意見表明権の尊重などが子どもたちの生活のあらゆる局面で実現しているか考えてみよう。
3. 子どもの虐待の予防など、社会全体で子どもと家庭を支援する方法について考えてみよう。

【引用文献】

1) 塚本智宏『コルチャック子どもの権利の尊重 子どもはすでに人間である』子どもの未来社 2004年 p.3
2) Walker, Nancy, E., *Children's Rights in the United States : In Search of a National policy*, SAGE, 1998, p.16
3) Alaimo, K., Klug, B., *CHILDREN AS EQUALS : exploring the right of the child*, University Press of America, 2002, p.49
4) Brannen, J., Moss, P., *Rethinking Children's Care*, Open University Press, 2002.
5) 日本弁護士連合会編『子どもの権利条約と家族・福祉・教育・少年法—子どもたちの笑顔がみえますか 法的検討と提言』こうち書房 1993年 p.530

6）子どもの権利条約総合研究所『子どもの権利条約ガイドブック　子どもの権利研究』第18号　日本評論社　2011年　p.61

7）厚生省児童家庭局企画課監修『ビジュアル　子どもと家庭』全国社会福祉協議会　1997年　p.3、p.31、p.33

8）G・エスピン－アンデルセン　京極高宣監修・林昌宏訳『アンデルセン、福祉を語る―女性・子ども・高齢者』NTT出版　2008年　p.10、p.37、p.52、pp.55－56、p.60

9）ブトロス・ガーリ国連事務総長の言葉：「国際家族年（IYF）」1994年　p.1

10）国際連合「国連ミレニアム開発目標報告 2015　MDGs達成に対する最終評価」2015年
　　https://www.unic.or.jp/files/e530aa2b8e54dca3f48fd84004cf8297.pdf

11）日本ユニセフ協会ホームページ「持続可能な世界への第一歩SDGs CLUB」
　　https://www.unicef.or.jp/kodomo/sdgs/（2023/09/06閲覧）

12）世界銀行「世界銀行グループの目標　極度の貧困の撲滅と繁栄の共有」p.33

13）前掲書8）　p.92

14）GLOBAL NOTE「公的教育費の対GDP比率の国際比較統計（2016年のOECD諸国の比較）」
　　http://www.globalnote.jp/P-data-g/?dno=1000&post_no=1479（2018/06/06閲覧）

15）ユニセフ・イノチェンティ研究所著、日本ユニセフ協会　広報室訳『イノチェンティ　レポートカード16　子どもたちに影響する世界―先進国の子どもの幸福度を形作るものは何か』日本ユニセフ協会　2021年　pp.35－37、p.58

16）厚生省児童家庭局編『児童福祉五十年の歩み』厚生省児童家庭局　1998年　pp.5－6

17）内閣府・文部科学省・厚生労働省「子ども・子育て関連3法について（資料）」2013年4月
　　https://www8.cao.go.jp/shoushi/shinseido/law/kodomo3houan/pdf/s-about.pdf

【参考文献】

• The World Bankホームページ
　https://www.worldbank.org/ja/country/japan
• 厚生労働統計協会編『国民の福祉と介護の動向　2023／2024』2023年
• 厚生労働省公表資料「児童福祉法の一部改正の概要について」
• ユニセフ・イノチェンティ研究所『イノチェンティ　レポートカード10　先進国の子どもの貧困』2012年
• ユニセフ・イノチェンティ研究所『レポートカード14　未来を築く：先進国の子どもたちと持続可能な開発目標（SDGs）』2017年
• 日本ユニセフ協会ホームページ「子どもの権利条約」
　https://www.unicef.or.jp/about_unicef/about_rig.html（2023/09/06閲覧）

第7章 高齢者の福祉

第1節 高齢者の福祉とは

　老後をどのようにして生活していくのか、これは、すべての国民にとって重要な問題である。かつてわが国では、「家父長制度」の伝統のもとで三世代世帯の家族形態が長く続き、老親の扶養や介護は、家を継ぐ子の責任とされていた。しかし、1960年代の高度経済成長期を背景に、産業化の急速な発展、都市への人口移動、核家族化の進行、出生率の低下など大きな社会変動が起き、三世代世帯は急速に減少した。2021（令和3）年度の65歳以上の高齢者のいる世帯は2,580万9,000世帯であり、全世帯の49.7％を占めている。65歳以上の者のみの単独世帯と65歳以上がいる夫婦のみの世帯、つまり、「高齢者のひとり暮らし」および「高齢者のいる夫婦だけの2人暮らし」を合計すると高齢者のいる世帯の60.8％であり、若い家族と暮らす高齢者は4割いない（図7－1参照）。

　国は高齢者に対して、さまざまなセーフティネットを整備してきた。かつて健康を維持するために老人保健制度をつくり、今日この制度は後期高齢者医療制度に引き継がれている。身体が不自由になり介護が必要な高齢者のために、介護保険制度を創設した。さらに、これらの社会保障制度から不幸にもこぼれ落ちてしまう高齢者には、老人福祉法によるサービスがある。現役引退後の所得保障としては、年金制度が準備されている。その年金も受給できない、あるいは年金だけでは生活していけない高齢者には、最後の砦として生活保護制度がある。そのほか、後述する高齢者の人権を保障するための高齢者虐待の防止、高齢者の養護者に対する支援等に関する法律（高齢者虐待防止法）や成年後見制度なども成立している。

図7-1 65歳以上の者のいる世帯数及び構成割合（世帯構造別）と全世帯に占める
65歳以上の者がいる世帯の割合

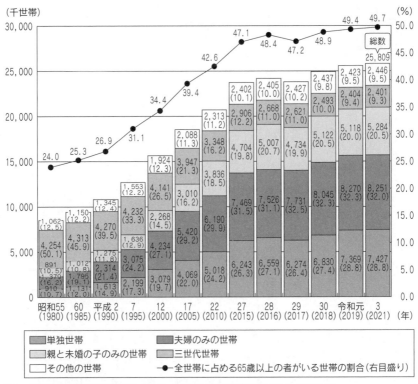

注1：平成7年の数値は兵庫県を除いたもの、平成28年の数値は熊本県を除いたものである。
注2：（ ）内の数字は、65歳以上の者のいる世帯総数に占める割合（％）
注3：四捨五入のため合計は必ずしも一致しない。
注4：令和2年は調査中止
資料：昭和60年以前の数値は厚生省「厚生行政基礎調査」、昭和61年以降の数値は厚生労働省「国民生活基礎調査」
　　　による。
出典：内閣府「令和5年版　高齢社会白書」p.9を一部改変
　　　https://www.mhlw.go.jp/kourei/whitepaper/w-2023/zenbun/pdf/1s1s_03.pdf

　これらの法律や制度は、高齢者のみで暮らす世帯が急激に増加してきた社会
的状況を背景に、高齢者の福祉の向上を具現化するために展開されてきた福祉
サービスということができる。

第 2 節　高齢者を取り巻く状況

1　高齢者をめぐる介護の状況

(1)　増加し続ける要介護者

　一般に、全人口に対する高齢者の比率が7％から14％の社会を「高齢化社会」、14％から21％を「高齢社会」、21％を超える社会を「超高齢社会」と呼ぶ。わが国は1970（昭和45）年に高齢化社会、1994（平成6）年に高齢社会、2007（同19）年に超高齢社会となった。理由は、医療の進歩によって平均寿命が延びたこと、公衆衛生の普及によって生活環境が整備され伝染病罹患率が低下したことなどがあげられよう。高齢者が増加するにしたがって、要介護者（介護を必要とする高齢者）等も年々増加しており、2020（令和3）年度には690万人となり、介護保険制度が始まった2000（平成12）年度と比較すると2倍以上の人数にのぼる（図7-2参照）。

(2)　認知症

　「認知症」とは、脳の知的な働きが病気によって、持続的に低下していく状態のことである。原因として特に多いのが、脳血管性認知症とアルツハイマー型認知症で、認知症全体の8割から9割を占めると考えられる。

　認知症の症状はさまざまであるが、以下の4つの症状に大きく分けられる。

①知的能力の低下：健忘、見当識障害（時間や場所などがわからなくなる）、思考障害（思考力、理解力の低下）、認知障害（人違いをするなど）

②心の症状：夜間せん妄（夜間興奮し言動が奇妙になる）、不眠、幻覚・幻聴、妄想など

③行動の障害：徘徊、暴力、異食（食べられない物を口に入れる）、弄便（便をいじる）など

④身体の障害：歩行障害、嚥下障害（食べ物が飲み込めない）、膀胱直腸障害（尿や便が出にくかったり、失禁したりする）

図7−2　介護保険の要介護者、要支援者の数の推移

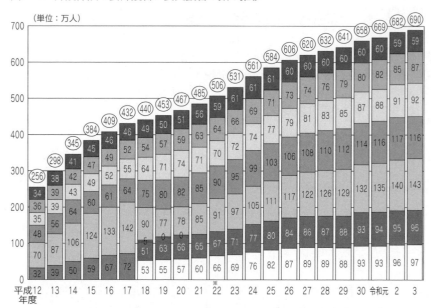

注：平成29年度から全市町村で介護予防・日常生活支援総合事業を実施している。
※東日本大震災の影響により、22年度の数値には福島県内5町1村の数値は含まれていない。
出典：厚生労働省「令和3年度　介護保険事業状況報告（年報）」ポイント
　　　https://www.mhlw.go.jp/topics/kaigo/osirase/jigyo/21/dl/r03_point.pdf

　このような症状をもつ人を介護することがどれほど困難なことかは、容易に想像できる。そこで、現在多く設置されているのが、認知症対応型共同生活介護施設、いわゆるグループホームである。グループホームとは、認知症の方が少人数でともに生活をする場のことで、施設に比べ家庭に近い環境で受けられる点が特長である。入居者3名に対して1名以上のスタッフが配置され、部屋も個室が与えられる。
　政府は2013（平成25）年に策定した「認知症施策推進5か年計画」（オレンジプラン）に基づく認知症施策を進めていたが、より一層の推進を図るため、2015（同27）年1月に「認知症施策推進総合戦略〜認知症高齢者等にやさしい地域づくりに向けて〜」（新オレンジプラン）をとりまとめた。認知症の人が約700

万人前後になると予測される2025（令和7）年に向け、認知症の人の意思が尊重され、できる限り住み慣れた地域のよい環境で自分らしく暮らし続けることができる社会の実現をめざしている。

2　高齢者の生活状況

(1)　高齢者世帯の収入—頼りの年金—

　2020（令和2）年の高齢者世帯の年間所得は、約332万円であり、全世帯から高齢者世帯と母子世帯を除いたその他の世帯（約690万円）の半分以下である。生活レベルを表す等価可処分所得（いわゆる手取り収入を世帯人員で調整したもの）では、高齢者世帯は約237万円であり、その他の世帯（約337万円）の約7割となっている。

　では、高齢者世帯はどのように所得を得ているのだろうか。図7－3は、公的年金・恩給を受給している高齢者世帯における公的年金・恩給の総所得に占める割合別世帯数の構成割合を示している。約6割の世帯において、公的年金・恩給の総所得に占める割合が80％以上となっていることがわかる。つまり、高

図7－3　公的年金・恩給を受給している高齢者世帯における公的年金・恩給の総所得に占める割合別世帯数の構成割合

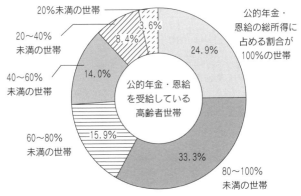

注1：四捨五入の関係で、足し合わせても100.0％にならない場合がある。
注2：令和2年の数値は、「特別定額給付金」の影響がある。
資料：厚生労働省「国民生活基礎調査」（令和3年）（同調査における令和2年1年間の所得）
出典：図7－1に同じ　p.17

齢者世帯の多くが、公的年金を老後の生活の頼りとしているのである。

(2) 高齢者の就業

　2013（平成25）年度から老齢厚生年金の受給開始年齢が60歳から65歳に引き上げられたため、同年4月の改正「高年齢者雇用安定法」によって企業に「希望者の原則65歳までの雇用継続」が義務づけられた。このような労働政策を背景にして、高齢者の就業率が伸びている（図7-4参照）。2021（令和3）年には、正規雇用・非正規雇用あわせて男性の就業率は60〜64歳で8割を超え、65〜69歳でも6割を超えている。また、女性も60〜64歳で6割、65〜69歳で4割以上の高齢者が就業している。

　現在収入のある仕事をしている60歳以上の約4割が「働けるうちはいつまでも」働きたいと考えており、就労意欲の高い高齢者が増えてきたといえる。

図7-4　労働力人口比率の推移

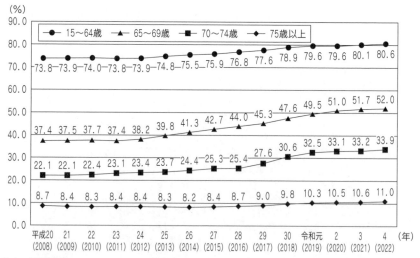

注1：年平均の値
注2：「労働力人口」とは、15歳以上人口のうち、就業者と完全失業者を合わせたものをいう。
　　　「労働力人口比率」とは、15歳以上人口に占める「労働力人口」の割合
注3：平成23年は、岩手県、宮城県及び福島県において調査実施が一時困難となったため、15〜64歳及び65〜69歳については補完的に推計した値を、70〜74歳及び75歳以上については、3県を除いた値を用いている。
資料：総務省「労働力調査」
出典：図7-1に同じ　p.21を一部改変

(3)　最後のセーフティネット―生活保護―

　2021（令和 3 ）年の被保護者調査（厚生労働省）によれば、高齢者世帯で生活保護を受給しているのは、90万8,834世帯であり、全生活保護世帯の約55％にものぼる。高齢者の貧困が拡大を続けている。

第 3 節　高齢者福祉の歴史

1　老人保健法制定まで

　1961（昭和36）年に改正国民健康保険法と国民年金法が施行され、国民皆保険・皆年金が実現した。その結果、国民の老後の医療保障と所得保障が整備された。しかし、なかには大病をしたり、夫に先立たれたりして、医療費（当時の自己負担は 5 割）や生活費に困る者も多かった。このような状況を背景に、老人福祉法が1963（同38）年に制定され、訪問看護や老人ホームの設置など高齢者対象の福祉サービスが展開されるようになった。

　その後、わが国は、1960年代の高度経済成長期を経て、先進国の仲間入りを果たした。高齢者福祉分野でも、右肩上がりの経済成長のもと、1973（昭和48）年には、老人福祉法が改正され、老人医療費支給制度が導入された。70歳以上の高齢者を対象にした「老人医療費の無料化」である。また、この年には、年金の支給額も 2 万円から 5 万円へ大幅に引き上げられ、「福祉元年」といわれた。

　しかし、1970年代の後半になると、すでに高度経済成長期も終了しており、国の財政状況にも余裕がなくなってきた。さらに、予想を遥かに上回る人口の高齢化の進行によって、このような福祉は財政上維持できなくなった。その結果、老人医療費を抑えることを目的として、1982（昭和57）年、老人福祉法から医療サービスが切り離され、老人保健法が制定された。その際、高齢者の医療費は、無料から原則 1 割の自己負担に変更された。そして、老人福祉法による福祉サービスは、「必要最低限の生活を営む」ことができない者のみを対象にするという体制に切り替えられた。

2 急速な高齢化と老人福祉

　1980年代の後半を迎えると、高齢者対策、特に介護の問題は、核家族化の進行、女性の社会進出の増加傾向などを背景に、わが国にとってますます緊急課題となってきた。1989（平成元）年、厚生省（現・厚生労働省）は、「高齢者保健福祉推進10か年戦略」（ゴールドプラン）を策定し、高齢社会に備えることとなった。これは、1990年代の10年間の老人ホームやデイサービス、ショートステイのための施設の緊急整備、ホームヘルパーの養成などによる在宅福祉の推進など高齢者福祉サービスの数値目標を示したものであった。ところが、高齢化が当初の予想を超えて急速に進んだため、政府は、1994（同6）年に全面的に改定した「新・高齢者保健福祉推進10か年戦略」（新ゴールドプラン）を策定した。新ゴールドプランでは、在宅介護の充実に重点をおき、ホームヘルパーを17万人確保し、訪問看護ステーションを5,000か所に設置するなどを目標とした。また、前述のとおり、1994年は高齢化率が14.0％を超え、「高齢社会」に突入した年でもある。同年12月、政府関係機関は、「新たな高齢者介護システムの構築を目指して」という報告書をまとめ、高齢者の自立支援を理念とした新しい介護システム（社会保険方式）の導入を提案した。それまで、「介護は家族の役割」と考えられてきたわが国において、「介護は社会全体の責任で＝介護の社会化」という画期的な制度を構築していくことになった。一方、老人医療費が急拡大し財政を圧迫しているため、病院に入院している高齢者を在宅で介護していく方向への転換でもあった。

　1997（平成9）年12月には介護保険法が成立し、2000（同12）年4月に介護保険制度が実施されることとなった。1998（同10）年6月、中央社会福祉審議会社会福祉構造改革分科会は「社会福祉基礎構造改革について（中間まとめ）」を発表した。そこには、「措置」から「契約」へという文言に示されるように、行政が利用者に提供する「措置」制度から、利用者が行政から民間企業まで幅広い福祉サービスの実施主体のなかから自分に必要なサービスを「選択」する制度へと転換していったのである。

　新ゴールドプランは1999（平成11）年度で終了し、2000（同12）年度を初年

度に「いかに活力ある社会を作っていくか」を目標とした「今後 5 か年間の高齢者保健福祉施策の方向」（ゴールドプラン21）へと引き継がれた。ゴールドプラン21には、「いつでもどこでも介護サービス」「高齢者が尊厳を保ちながら暮らせる社会づくり」「ヤング・オールド（若々しい高齢者）作戦」の推進などが謳われている。

　介護保険制度の施行により、一時的に老人医療費は減少したが、その後すぐ再び増加に転じた。そこで政府は、2006（平成18）年の医療制度構造改革のひとつとして、新たな高齢者医療制度の創設を発表した。それが、2008（同20）年 4 月から始まった後期高齢者医療制度である。それまでの老人保健法に基づく制度は廃止され、その後、老人保健法の医療事業は「高齢者の医療の確保に関する法律」へ、それ以外の保健事業は「健康増進法」に引き継がれている。

第 4 節　現在の高齢者福祉サービス

1　老人福祉法

　老人福祉法は、1963（昭和38）年に定められた法律で、高齢者に対し、その心身の健康の保持および生活の安定のために必要な措置を講じ、それによって高齢者の福祉を図ることを目的として制定された法律である。現在、介護などの支援の必要な高齢者に対する福祉サービスの多くは、介護保険法に基づいて提供されている。そのため、ホームレスなど介護保険法でのサービス利用が困難な人のみが、老人福祉法による福祉サービスの措置を受けることになっている。

2　権利擁護としての高齢者福祉

⑴　成年後見制度

　成年後見制度は、認知症高齢者に代表される判断能力の不十分な成年者が詐欺などの経済的損失、虐待などの身体的損害を受けないよう社会的に支援するため、1999（平成11）年に創設され、2000（同12）年度より実施された制度で

ある。

　成年後見制度には、「任意後見制度」と「法定後見制度」の2つがある。

　任意後見制度は、判断能力が低下する前に本人が前もって後見人を決定し、本人との契約にしたがって援助するものである。一方、法定後見制度は、判断能力の低下を理由として親族などが家庭裁判所に申立てを行い、裁判所が後見人を選任し、本人の判断能力によって「補助」「保佐」「後見」のいずれが援助を行う。補助は、多くのことは自分で判断できるが、契約や預貯金の管理など他者の適切な援助があったほうがよいと思われる人を対象とし、保佐は、日常生活では不十分ながらもどうにか自分で判断できるが、不動産売買やそのほか重要な契約を結ぶことは単独では無理な人を対象としている。後見は、判断能力がほとんどなく、常に本人に代わって他者が判断する必要のある人が対象である。

　成年後見人の申立ては、本人のほか、配偶者、4親等以内の親族、任意後見人などができるが、本人の判断能力が保佐、後見のレベルの場合、本人の同意を必要としない。後見人には、配偶者や家族のほかに弁護士や社会福祉士などの第三者がなることもできる。後見人となった者は、該当者の財産管理、遺産分割、生活支援（身上監護）などに関して、該当者の能力を補って諸権利を守り、損害を受けないように支援しなければならない。

(2)　日常生活自立支援事業

　介護保険制度がスタートする直前の1999（平成11）年に、都道府県社会福祉協議会を実施主体として「地域福祉権利擁護事業」が創設された。この制度は、幅広い契約行為に関しての支援である成年後見制度に対して、福祉サービスの契約に限定して支援するしくみである。2007（同19）年度には、何に関するサービスなのかを利用者が理解しやすいように「日常生活自立支援事業」に名称を変更した。

　具体的には、市町村の社会福祉協議会が、認知症高齢者などを対象に、福祉サービスの利用手続きの代行などの援助、日常的金銭管理サービス、年金の証書や預貯金の通帳の預かりサービスなどを行っている。

　なお、日常生活自立支援事業のサービスに関して、利用者からの苦情を受けつける窓口として、「運営適正化委員会」が都道府県社会福祉協議会に設けられている。

⑶　高齢者虐待防止法

　高齢者への虐待が深刻な状況にあり、高齢者の尊厳を保持し、権利や利益を養護することを目的に、2005（平成17）年「高齢者虐待防止法」が成立した。正式名称を「高齢者虐待の防止、高齢者の養護者に対する支援等に関する法律」という。

　養護者や介護従事者による「高齢者虐待」とは、暴行を加えたりする身体的虐待、減食や長時間にわたって放置するネグレクト、暴言や無視などの心理的虐待、わいせつ行為をする性的虐待、高齢者の財産を不当に処分したり使用する経済的虐待などの行為である。このような虐待を受けている高齢者を発見した場合、本法では、発見者に対して通報義務を定めている。さらに、養介護施設や病院、保健所、その他高齢者福祉にかかわる業務に従事するものは、高齢者虐待を発見しやすい立場にあることを自覚してその発見に努めなければならないとしている。また、虐待を防止するためには、養護者の負担を軽減することが必要である。そのため、市町村には、相談、指導・助言、必要な措置をとることが定められている。

第 5 節　介護保険

1　介護保険のしくみ

　介護保険は、私たちが高齢者になり、介護が必要となったときに介護サービスを受けることができる社会保険である。保険者とは、保険料を預かって保険を運営する主体のことで、介護保険の場合は、市町村および特別区（以下、本章では市町村とする）がこの仕事を担っている。被保険者とは、この保険に加入し保険料を支払っている人たちのことである。介護保険の被保険者は、65歳

以上の者を対象とした第1号被保険者と40歳以上65歳未満の者からなる第2号被保険者に区分される。原則として、第1号被保険者のみが介護のサービスを受けることができるが、第2号被保険者も介護が必要となった原因が加齢によるものと判断された場合には、介護保険サービスを利用することができる。

　この保険を利用するためには、被保険者は保険料を納めなければならない。第1号被保険者の保険料は、多くの場合、年金から天引きされ、市町村に直接納められる。第1号被保険者の保険料は、各市町村によって提供するサービスも異なるため、居住する市町村によって金額が異なるという特徴がある。また、第2号被保険者の保険料は、医療保険の保険料と一緒に医療保険者が徴収して、社会保険診療報酬支払基金にプールされ、この機関を通じて各市町村に配分される。

2　保険給付

(1)　介護保険の申請から認定まで

　被保険者が介護を必要とする状態になり、介護保険を利用しようとする際には、まず、被保険者やその家族などが、市町村に対して要介護認定の申請を行うことからスタートする。申請後、市町村の担当者（訪問調査員）が申請者の自宅に訪ねてきて、認定調査が行われる。認定調査では、高齢者の日常生活動作能力や精神的な状況などに関する項目について調査が行われ、その結果をもとにコンピュータ判定を実施して第1次判定が出る。この第1次判定の結果と被保険者の主治医による意見書が、市町村に設置されている介護認定審査会に提出され、最終的な審査、判定（第2次）が行われる。

　介護保険の認定基準は、要支援1、要支援2（要介護状態となるおそれがあり、日常生活に支援が必要な場合）、部分的な介護を要する要介護1から最重度の要介護5までの7つのレベルに区分されている。第2次判定とは、介護認定審査会がこのいずれのレベルに該当するか、あるいはどれにも該当しないかを最終的に判定することである。この判定は、被保険者の申請から30日以内に行わなければならない。なお、認定結果に不服のある被保険者は、都道府県に設置された介護保険審査会に不服申立てを行うことができる。

(2)　サービス提供までの手続き

　要介護認定を受けた者は、「介護給付」として、訪問介護などの「居宅サービス」やグループホームなどの「地域密着型サービス」、あるいは介護老人福祉施設などの介護保険施設に入所して「施設サービス」の提供を受ける。また、要支援の認定を受けた者は、「予防給付」として「介護予防サービス」（要介護認定者の居宅サービスにあたる）や「地域密着型介護予防サービス」を受けられるが、施設サービスは利用できない。

　要介護者が居宅サービスや地域密着型サービスを利用する場合、原則として、指定居宅介護支援事業所に所属する介護支援専門員（ケアマネジャー）が要介護者のニーズを把握し、介護サービス計画（ケアプラン）を作成する[*1]。被保険者が介護保険施設に入所する場合は、施設のケアマネジャーが作成するケアプランが必要である。

(3)　保険給付の種類

　介護保険の保険給付には、前述の介護給付と予防給付のほかに、市町村が独自に条例で定める「市町村特別給付」がある。市町村特別給付とは、国に基準がない配食サービスや布団乾燥などのサービスを市町村が独自に行うサービスのことで、それにかかる費用は、その自治体に居住している第1号被保険者の保険料で運営しなければならない。

　保険給付には、要介護度に応じて支給限度額が設定されており、被保険者（利用者）は、その範囲内で提供されるサービスを原則1割の自己負担で利用することができる。支給限度額を超えてサービスを利用する場合、超過分の費用は、原則として全額利用者の自己負担となる。

(4)　介護給付によるサービス

　全国共通の介護給付の対象となるサービスには、❶居宅サービス、❷施設サービス、❸地域密着型サービスの3種類がある。

---

　*1　要介護者自身がケアプランを作成して、介護サービスを利用しても差し支えない。

❶主な居宅サービス

①訪問介護（ホームヘルプサービス）

　訪問介護員（ホームヘルパー）が利用者の居宅を訪問し、食事や排泄、入浴などの介助を行う「身体介護」と、主にひとり暮らしの利用者のために行う調理や洗濯などの「生活援助」を行うサービス。

②訪問看護

　看護師が利用者の居宅を訪問し、病状の観察やリハビリテーション、療養指導などを行う。また、医師の指示に基づいて、点滴や痰の吸引などの医療行為を行うサービス。

③訪問入浴介護

　ホームヘルパーなどが利用者の居宅に浴槽を運び、入浴の介助を行うサービス。

④訪問リハビリテーション

　理学療法士や作業療法士、言語聴覚士などが利用者の居宅を訪問し、医師の指示に基づいてリハビリテーションを実施するサービス。

⑤通所介護（デイサービス）

　利用者が送迎バスなどで介護老人福祉施設などの通所介護事業所に通い、食事や入浴、機能訓練、レクリエーションなどのサービスの提供を受ける。

⑥通所リハビリテーション（デイケア）

　病院や介護老人保健施設などの医療機関において、医師や理学療法士、作業療法士などがリハビリテーションを実施するサービス。

⑦短期入所生活介護・短期入所療養介護（ショートステイ）

　利用者が、介護老人福祉施設（生活介護）や介護老人保健施設（療養介護）に短期間入所し、日常生活の介助や機能訓練などを受けるサービス。

❷主な施設サービス

　介護保険では、「介護老人福祉施設」「介護老人保健施設」で施設サービスを利用できる。

①介護老人福祉施設

　「特別養護老人ホーム」「特養」とも呼ばれ、常時介護が必要で、自宅では介

護が困難な利用者が入所する。原則、要介護3以上、認知症の程度、年齢、同居家族の状況、年金収入額などの入所判定基準を用いて、優先度の高い者から入所するしくみがとられている。

②介護老人保健施設

「老人保健施設」「老健」とも呼ばれ、リハビリテーションに重点をおいた介護が必要な利用者が入所する施設である。医療や看護、機能訓練などのサービスを利用することができ、入所期間は、3か月をめどとしている。

③介護医療院

介護だけではなく、必要に応じた医療ケアを受けられる。また、生活の場所でもあるため、病院より広い空間で過ごすことができ、入居者が安心して暮らせる「住まい」となるよう、プライバシーの確保に配慮されている。

❸主な地域密着型サービス

地域密着型サービスは、2006（平成18）年にスタートしたサービスである。居宅サービスや施設サービスは都道府県知事の指定を受けた事業者が展開するが、このサービスを提供するのは、市町村長の指定を受けた事業者である。以下、主なサービスをあげる。

①夜間対応型訪問介護

居宅介護者について、夜間の定期的な巡回訪問や通報による訪問で、日常生活上の世話を行う。要介護認定者のみ利用できる。

②認知症対応型通所介護

主に認知症居宅要介護者をデイサービスセンターなどに通わせ、日常生活の世話や機能訓練を行う。要支援者も、悪化の防止を目的に利用できる。

③認知症対応型共同生活介護

認知症要介護者の高齢者が5人から9人程度で共同生活をしながら、介護サービスを提供する。いわゆる認知症グループホームと呼ばれている。要支援者も利用できる。

④小規模多機能型居宅介護

従来、縦割りであった訪問介護、通所介護、短期入所生活介護の3つのサービスを小規模にして、なじみのある人間関係のなかで提供している。

⑤定期巡回・随時対応型訪問介護看護

　利用者が可能な限り自宅で自立した日常生活を送ることができるよう、定期的な巡回や随時通報への対応など、利用者の心身の状況に応じて、24時間365日必要なサービスを必要なタイミングで柔軟に提供する。また訪問介護員だけでなく看護師なども連携しているため、介護と看護の一体的なサービス提供を行うことができる。

3　地域包括支援センターと地域支援事業

　2006（平成18）年度より、要介護や要支援になるおそれのある人に対する「地域支援事業」が始まった。この事業は、高齢者が要介護状態になることを予防するために介護予防に取り組むとともに、要介護状態になっても地域で自立した日常生活を営めるように、市町村が主体となり、地域において包括的・継続的に支援していこうというものである。地域支援事業を構成する主なものには2つの事業がある。「介護予防・日常生活支援総合事業」と「包括的支援事業」である。この2つの事業は「地域包括支援センター」が実施主体となって展開されている。

　地域包括支援センターとは、中学校の通学区を守備範囲として設置され、その業務を在宅介護支援センターの事業者などに委託している場合も多い。センターには、保健師、社会福祉士、主任介護支援専門員が配置されており、以下の業務にあたっている。

　介護予防・日常生活支援総合事業は、地域のすべての高齢者を対象としている。65歳以上の第1号被保険者（一般高齢者）には、介護予防教室の開催など介護予防情報の提供や運動・健康管理など介護予防活動に力を注いでいる。一方、65歳以上で生活機能が低下し、近い将来介護が必要となるおそれが高い者（特定高齢者または、虚弱高齢者）に対しては、運動機能向上プログラム、栄養改善プログラム、口腔機能向上プログラム、さらには閉じこもり予防、認知症予防・支援などの支援活動を展開する。

　そして、包括的支援事業は、以下の4つの事業から構成される。

①「介護予防事業」のマネジメントを行う介護予防ケアマネジメント事業。

②地域の高齢者の実情を把握し、保健医療、公衆衛生、福祉などに関する総合
　的な情報提供、関係機関との連絡調整などを行う総合相談・支援事業。
③高齢者へ虐待防止、早期発見、その他高齢者の権利を擁護する事業。
④介護保険サービスを利用している高齢者のケアプランの検証、介護支援専門
　員への助言および専門員のネットワークづくりなど包括的・継続的ケアマネ
　ジメント支援事業。
　また、2024（令和 6 ）年度から通所介護と訪問介護を組み合わせた新サービ
スが開始となる。たとえば、通所介護の事業所が訪問サービスを提供する、通
所介護と訪問介護の事業者が連携するなどであり、特に都市部などのヘルパー
不足を補い、既存の資源を有効活用して在宅介護を強化するねらいがある。介
護保険制度に新たなサービスが創設されることにより、ますます地域での高齢
者支援が重要になるだろう。

第 6 節　これからの高齢者福祉

1　所得保障

　2004（平成16）年の年金制度改革で、最終保険料固定・給付水準自動調整方
式を導入することが決定された。これは2017（同29）年まで保険料の水準を毎
年少しずつ引き上げ、最終的に厚生年金の保険料は収入の18.3％（半分は雇用
主負担）、国民年金は月 1 万6,900円に固定する。そして、その収入の範囲内で
高齢者への給付をまかなえるように、給付水準を自動的に調整するというもの
である。その給付水準は、標準的な厚生年金を受給している世帯の場合、現役
世代の平均的手取額の50％を上回るものとされた。また、基礎年金支給額の 2
分の 1 は、2009（同21）年度以降、国庫、すなわち税金でまかなうと決めた。
この 2 分の 1 負担によって、保険料を支払っていない者も最低でも国民年金の
半額は支給されることとなった。
　この年金制度改革から20年を経た今、予測以上の少子化が進んでいる現状か
らすると、現行の制度を維持できるのか疑問視する声があがるのは当然なこと

であろう。2021（令和3）年4月に「高年齢者雇用安定法」を改正し、事業主に対して雇用している労働者を70歳まで継続的に雇用する努力義務を課した。これは国が70歳まで働ける環境を整えようとしているからにほかならないであろう。今後、国民年金・厚生年金の支給開始年齢が70歳まで引き上げられることは十分考えられる。

2　医療保障

　2008（平成20）年4月に後期高齢者医療制度が始まった。これは75歳以上になると、それまで加入していた医療保険（国保・健康保険・共済など）から、全員が後期高齢者医療制度へ移行する制度である。保険料は全国平均で約6,500円（月額）。医療機関での窓口負担割合は、多くの高齢者が1割負担、現役並み所得者が3割負担だが、2022（令和4）年10月から一定以上の所得（例として、単身で年金収入その他の合計所得金額が200万円以上の者）がある人は「2割負担」となった。この背景には、令和4年以降、団塊の世代が75歳以上になるので、医療費が増大し現役世代の負担がさらに大きくなることが懸念されたからである。

　なお、前期高齢者（65歳以上75歳未満）は、各種医療保険に加入しており、70歳未満の高齢者の自己負担は3割であり、70〜74歳は2割負担である。

◆◆◆◆　自学自習のためのヒント　◆◆◆◆

1．現在、高齢者が抱えている問題を書き出し、その原因をまとめてみよう。
2．若者と高齢者の間で、世代間不公平がおこらないようにするためにどのような施策が考えられるか、まとめてみよう。
3．給付と負担のバランスをふまえて、今後の介護保険や年金のあり方を考えてみよう。

【参考文献】

• 内閣府「令和5年版　高齢社会白書」
https://www8.cao.go.jp/kourei/whitepaper/w-2023/zenbun/05pdf_index.html
（2023/09/21閲覧）

第8章 障害のある人の福祉

第1節 障害者の生活に大きな影響を与えた「自立生活運動」

　自立生活運動（IL運動：Independent Living Movement）とは、1960年代後半にアメリカで始まった「主体的に生きることこそ自立した生き方である」という思想が根底にある障害当事者による運動であり、日本では1980年代から1990年代にかけて広まった。

　自立生活運動の特徴は、まず「自立」の考え方にある。それまでの「身辺自立」「経済的自立」など自分のことは自分で行えることが自立であるという考えを超え、障害福祉サービス等を利用しながら自らの意思をもって判断・行動し、主体的に生活をしていくことが「自立」であるとした。

　さらに、障害者のニーズを最もよく知っているのは、障害者自身であるという考え方にある。したがって、障害者は専門家による保護や治療の対象ではなく、生活や介助のあり方等について主体的にかかわる存在であることを訴えた点である。

　そして、これらの考え方のもとに障害者自身が運営する「自立生活センター（CIL：Center of Independent Living）」が発足した。自立生活センターは、障害者が運営し、障害者に障害福祉サービス等を提供する組織である。重度の障害があっても入所施設や親元ではなく、地域で自立して生活することが可能になることをめざしている。

　このような障害者が地域で主体的に生活することをめざした自立生活運動の考え方は、現在の障害観や障害者福祉のあり方に大きな影響を与えている。そこで次節では、まず「障害」*1とは何かということをみていく。

第 2 節　「障害」とは何か

　本節では「国際生活機能分類」と「社会モデル」という2つの視点から「障害」をみていく。

1　国際生活機能分類

　「国際生活機能分類(ICF：International Classification of Functioning, Disability and Health)」とは、1980年にWHO（世界保健機関）で制定された「国際障害分類（ICIDH：International Classification of Impairments, Disabilities and Handicaps)」の改定版である。

(1)　国際障害分類とは

　「国際障害分類」（ICIDH）は、何らかの疾病や変調が生じることで、「機能・形態障害」が起こり、それから「能力障害」が生じ、それが「社会的不利」を引き起こすと、障害を3つのレベルに分類した（図8－1参照）。たとえば、病気や事故で脊椎を損傷することで、下半身がまひするという「機能・形態障害」が起こり、そのため歩けなくなるという「能力障害」が生まれ、その結果、移動ができず就職を困難にさせるという「社会的不利」を受けるというものである。

図8－1　ICIDH：WHO「国際障害分類」（1980年）の障害構造モデル

出典：厚生省仮訳「WHO国際障害分類試案」厚生統計協会　1984年

　＊1　「障害」という表記については、さまざまな考え方があるが、本章では「障害は社会の障壁によってつくり出される」という「社会モデル」の考えに依拠し、「障害」と表記する。ただし、固有名詞においてこれ以外の表記が使用されている場合は、その限りではない。

　また、「機能・形態障害」から「社会的不利」へ直接向かう矢印もひかれている。これはたとえば、顔面にあざがあるような「形態障害」が「能力障害」がないにもかかわらず、「社会的不利」を引き起こすというような場合である。

　しかしこのモデルは、一方通行的であること、否定的な側面が強調されていること、社会的不利を被るのは、その人に病気や変調が起こったからだという「医学モデル」的なとらえ方であるという批判もあり、検討し直されることになった。

(2)　国際生活機能分類とは

　ICIDHを改定したものが「国際生活機能分類」（ICF）[*2]である（図8－2参照）。このモデルは「生活機能構造モデル」といわれているが、生活機能とは「人が生きること」であり、健康な状態とは「生活機能」全体が高い水準にあることを示している。また、障害を3つのレベルでとらえることはICIDHと同

図8-2　ICF：WHO「国際生活機能分類」（2001年）の生活機能構造モデル

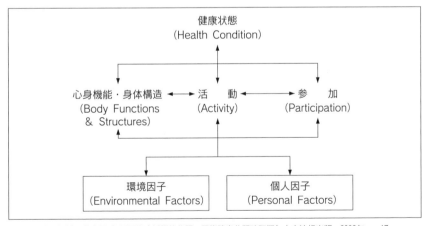

出典：障害者福祉研究会編『ICF国際生活機能分類－国際障害分類改訂版』中央法規出版　2002年　p.17

＊2　「国際生活機能分類―国際障害分類改訂版」（日本語版）は、厚生労働省のホームページに掲載されている。
　　　https://www.mhlw.go.jp/houdou/2002/08/h0805-1.html（2023/09/26閲覧）

じであるが、否定的なイメージが強調されないよう中立的・肯定的な用語を使用し、機能・形態障害を「心身機能・身体構造」能力障害を「活動」社会的不利を「参加」に変更した。そしてこれらのレベルで制限・制約を受けることが障害であり、それは誰にでも起こりうることであるとした。また「環境因子」「個人因子」という視点を加えた。これらの視点を加えることで、障害を外的な環境やその人の特徴等との関連も視野に入れてとらえることができるようになった。さらに、構成要素間をつなぐ矢印が、ICIDHでは一方通行的であったことに対し、ICFでは双方向的であり、それぞれの構成要素が互いに影響し合って存在していることを示している。このことから、障害とは人と環境が相互に影響し合っているモデルであるといえる。

2 障害の社会モデルとは

　障害の「社会モデル」とは、個人の身体的制約であるインペアメント（impairment）と、インペアメントをもつ人々を排除する社会や態度とその結果生まれる抑圧などの障壁であるディスアビリティ（disability）を区別し、障害とはインペアメントと、ディスアビリティとの相互作用によって生じるという考え方である。そして、社会によって無力化されている状態が障害であるという見方である。一方、医学モデルとは、障害者が社会的不利を被るのは、障害をもつその人の能力の問題だと、問題の所在をインペアメントにおく考え方である。

　たとえば、ホームが2階にある駅から電車に乗り、出かけようとしたときに、その駅にエレベーターがないという社会の障壁により電車に乗れないことが障害だとするのが社会モデルである。一方で、電車に乗れないのは、その人の「歩けない」という能力によるものだとするのが医学モデルである。前者は、その社会の障壁を解消しようとし、後者はリハビリや治療などで身体能力がよくなるように個人に努力を求めたり、援助したりしようとする。

　障害の社会モデルとは、インペアメントをもつ人々を無力化する社会的障壁の問題を強調し、そのような社会を障害当事者の視点から変革していこうとする考え方であるといえる。

第 **3** 節　「障害児・者」の定義

　ICFも社会モデルも「障害」とは何かということに焦点をあてたモデルであり、「人」と分けて考えている。しかし、さまざまな法律においては、その対象が法律に定められている制度・サービスの受給資格と関連しているため「障害」を「人」の属性のひとつとみなすような定義となっている。本節では日本の法律において「障害者」をどのように定義しているか等について、いくつか代表的な法律をみていく。

1　障害者基本法における定義

　「障害者基本法」は1970（昭和45）年に制定された「心身障害者対策基本法」を1993（平成5）年に大幅改正・成立した法律である。2004（同16）年に改正された同法第2条に障害者とは「身体障害、知的障害又は精神障害（以下「障害」と総称する。）があるため、継続的に日常生活又は社会生活に相当な制限を受ける者をいう」と定義された。さらに、2011（同23）年の改正では「身体障害、知的障害、精神障害（発達障害を含む。）その他の心身の機能の障害（以下「障害」と総称する。）がある者であつて、障害及び社会的障壁により継続的に日常生活又は社会生活に相当な制限を受ける状態にあるものをいう」とした。この2011（同23）年の改正により、これまで「障害者」に含まれていなかった者についても、広く同法の対象とすること、社会的障壁によって生活に制限を受けている状態も障害と判断することが新たな視点として加わった。

2　障害者総合支援法における定義

　「障害者総合支援法」は、2005（平成17）年に成立した「障害者自立支援法」が、2012（同24）年に改正され名称が変更された法律であり、正式名称は「障害者の日常生活及び社会生活を総合的に支援するための法律」という。この法律の第4条に障害者とは「身体障害者福祉法第4条に規定する身体障害者、知的障害者福祉法にいう知的障害者のうち18歳以上である者及び精神保健及び精神障

害者福祉に関する法律第 5 条に規定する精神障害者（発達障害者支援法第 2 条第 2 項に規定する発達障害者を含み、知的障害者福祉法にいう知的障害者を除く。以下「精神障害者」という。）のうち18歳以上である者並びに治療方法が確立していない疾病その他の特殊の疾病であって政令で定めるものによる障害の程度が厚生労働大臣が定める程度である者であって18歳以上であるもの」[*3]と定義している。また、第 4 条第 2 項において「障害児」とは「児童福祉法第 4 条第 2 項に規定する障害児」としている。

　では、各障害福祉法では、障害者をどのように定義しているのだろうか。以下において、各障害福祉法の定義や目的等をみていく。なお、2011（平成23）年の障害者基本法の改正内容、2012（同24）年の障害者自立支援法の改称をともなう改正の経緯については、近年の障害者福祉の動向を述べるうえで重要な意味合いをもっている。これらについては第 6 節で述べることとする。

3　各障害者福祉法における定義

　本項では障害の定義とともに、各法の目的等にもふれる。

(1)　身体障害者福祉法

　「身体障害者福祉法」は1949（昭和24）年に制定された法律である。同法の目的は「障害者の日常生活及び社会生活を総合的に支援するための法律と相まって、身体障害者の自立と社会経済活動への参加を促進するため、身体障害者を援助し、及び必要に応じて保護し、もつて身体障害者の福祉の増進を図ること」であり、第 4 条に身体障害者とは「別表に掲げる身体上の障害がある18歳以上の者であって、都道府県知事から身体障害者手帳の交付を受けたものをいう」と定義されている。別表とは、身体障害者福祉法施行規則にある「身体障害者障害程度等級表」のことである。身体障害を視覚障害、肢体不自由など 5 つに分類し、それぞれに 1 級から 7 級までの等級を定めており、数字が小さくなる

---

　　*3　「治療方法が確立していない疾病その他の特殊の疾病」とは「難病」をさす。「難病」は医学的に明確に定義された病名ではない。2018（平成30）年 4 月から障害者総合支援法の対象となる疾病は359種類になった。

表8-1　身体障害の類型と等級

身体障害の類型			等級
視覚障害			1級〜6級
聴覚又は平衡機能の障害	聴覚障害		2級〜4級、6級
	平衡機能障害		3級、5級
音声機能、言語機能又はそしゃく機能の障害			3級、4級
肢体不自由	上肢 下肢		1級〜7級
	体幹		1級〜3級、5級
	乳幼児期以前の非進行性の脳病変による運動機能障害	上肢機能 移動機能	1級〜7級
心臓機能障害 じん臓機能障害 呼吸器機能障害 ぼうこう又は直腸の機能障害 小腸機能障害 ヒト免疫不全ウイルスによる免疫機能障害 肝臓機能障害			1級、3級、4級

出典：「身体障害者障害程度等級表」〔2010（平成22）年改正〕をもとに作成

ほど、障害の程度は重くなることが示されている。1級から6級の場合は身体障害者手帳が交付される（表8-1参照）。

(2)　知的障害者福祉法

　「知的障害者福祉法」は1960（昭和35）年に制定された法律である。同法の目的は「障害者の日常生活及び社会生活を総合的に支援するための法律と相まって、知的障害者の自立と社会経済活動への参加を促進するため、知的障害者を援助するとともに必要な保護を行い、もつて知的障害者の福祉を図ること」であるが、本法をはじめ、日本の法律において知的障害者の定義は規定されていない。そのため2005（平成17）年に実施された「知的障害児（者）基礎調査」で使用されている「知的機能の障害が発達期（概ね18歳まで）にあらわれ、日常生活に支障が生じているため、何らかの特別の援助を必要とする状態にある

者」という定義が使用されることが多い。

　また、知的障害の場合も「手帳」が交付されるが、身体障害者手帳と違い、各自治体独自の施策となっている。そのため、手帳の名称や形態や障害の程度の区分は、自治体によって異なるが、多くの自治体は「療育手帳」という名称を使用している。

　なお、本法は「精神薄弱者福祉法」として制定されたが、1998（平成10）年に「知的障害者福祉法」と改題・改正された。その背景には「精神薄弱」と呼ばれていた障害当事者たちの呼称変更を求める訴えがあった*4。

(3)　精神保健及び精神障害者福祉に関する法律

　「精神保健及び精神障害者福祉に関する法律」は、1950（昭和25）年に「精神衛生法」として制定された法律であり、1987（同62）年の「精神保健法」への改正を経て、1995（平成7）年に現在の名称に改められた。同法の目的は「精神障害者の医療及び保護を行い、障害者の日常生活及び社会生活を総合的に支援するための法律と相まつてその社会復帰の促進及びその自立と社会経済活動への参加の促進のために必要な援助を行い、並びにその発生の予防その他国民の精神的健康の保持及び増進に努めることによつて、精神障害者の福祉の増進及び国民の精神保健の向上を図ること」であり、第5条に精神障害者とは「統合失調症、精神作用物質による急性中毒又はその依存症、知的障害、精神病質その他の精神疾患を有するもの」と定義されている。1995（同7）年の改正により「精神障害者保健福祉手帳」が交付されるようになった。身体障害者手帳・療育手帳と異なり有効期限があり、2年ごとに医師の診断書とともに申請をし、手帳を更新することになっている。また、精神状態が快方に向かった場合は、手帳を自治体に返還することとなり、その場合、障害者としての認定がなくなる。

＊4　1994（平成6）年に開催された「第43回全日本育成会全国大会」の本人部会で作成された本人決議において『『精神薄弱者』という呼び方を早く別の言葉に変えてください。決めるときには、必ず私たちの意見を聞いてください」と要望した。

⑷　**発達障害者支援法**

　障害者総合支援法の障害者の定義において精神障害者に含まれるとされる発達障害者の定義についてもみていく。

　「発達障害者支援法」は、2004（平成16）年に制定された法律である。同法の目的は「発達障害者の心理機能の適正な発達及び円滑な社会生活の促進のために発達障害の症状の発現後できるだけ早期に発達支援を行うとともに、切れ目なく発達障害者の支援を行うことが特に重要であることに鑑み、障害者基本法の基本的な理念にのっとり、発達障害者が基本的人権を享有する個人としての尊厳にふさわしい日常生活又は社会生活を営むことができるよう発達障害を早期に発見し、発達支援を行うことに関する国及び地方公共団体の責務を明らかにするとともに、学校教育における発達障害者への支援、発達障害者の就労の支援、発達障害者支援センターの指定等について定めることにより、発達障害者の自立及び社会参加のためのその生活全般にわたる支援を図り、もって全ての国民が、障害の有無によって分け隔てられることなく、相互に人格と個性を尊重し合いながら共生する社会の実現に資すること」であり、第 2 条第 1 項に発達障害とは「自閉症、アスペルガー症候群その他の広汎性発達障害、学習障害、注意欠陥多動性障害その他これに類する脳機能の障害であってその症状が通常低年齢において発現するものとして政令で定めるもの」と定義したうえで、第 2 項において「発達障害者」とは「発達障害がある者であって発達障害及び社会的障壁により日常生活又は社会生活に制限を受ける者」また「発達障害児」とは「発達障害者のうち18歳未満のもの」と規定している。

　なお、発達障害には独自の手帳はなく、療育手帳か精神障害者保健福祉手帳の交付基準に該当する場合は、当該手帳が交付される。

⑸　**児童福祉法**

　「児童福祉法」は、1947（昭和22）年に制定された法律であり、第 1 条においてすべての児童は「児童の権利に関する条約の精神に」のっとり、権利が保障されることが謳われている。障害児の定義は第 4 条第 2 項に「身体に障害のある児童、知的障害のある児童、精神に障害のある児童（発達障害者支援法第 2

条第2項に規定する発達障害児を含む。）又は治療方法が確立していない疾病その他の特殊の疾病であって障害者の日常生活及び社会生活を総合的に支援するための法律第4条第1項の政令で定めるものによる障害の程度が同項の厚生労働大臣が定める程度である児童をいう」と規定されている。

　なお、障害児は療育手帳か身体障害者手帳の交付基準に該当する場合は、当該手帳が交付される。

　以上、わが国の障害福祉関連法に規定される各障害者の定義をみてきたが、これらの定義は、その法律に定める障害福祉サービス等や制度を利用できる人を示しているのであり、定義に該当する人に「障害者」というレッテルを貼り、差別をしたり、排除したりするために定められたのものではない。

第4節　障害児・者の現状

　ここでは、前節で述べた定義に該当した人、つまり「障害児・者」の現状と利用することができる障害福祉サービス等の概要について、2016（平成28）年に厚生労働省が行った「生活のしづらさなどに関する調査（全国在宅障害児・者等実態調査）」等をもとにみていく。

1　障害児・者数

(1)　3障害の概数

　身体障害、知的障害、精神障害それぞれの障害児・者数の概数をみると、身体障害児・者436万人、知的障害児・者109万4,000人、精神障害者614万8,000人となっており（表8－2参照）、およそ国民の9.2％が何らかの障害を有していることになる[5]。障害別に状況をみると身体障害児・者は1.7％、精神障害における入院患者の割合は4.7％であるのに対し、知的障害児・者は12.1％となっており、知的障害児・者は施設入所者数の割合が高いことがわかる。

---

[5]　発達障害児・者には統計がない。理由としては、手帳所持者は知的障害児・者等としてカウントされていることや、独自の手帳がないため、正確な数字を把握しにくいためと考えられる。

表8－2　障害児・者数（推計）

（単位：万人）

		総数	在宅者数	施設入所者数
身体障害児・者	18歳未満	7.2	6.8	0.4
	18歳以上	419.5	412.5	7.0
	年齢不詳	9.3	9.3	－
	総計	436.0（100%）	428.7（98.3%）	7.3（1.7%）
知的障害児・者	18歳未満	22.5	21.4	1.1
	18歳以上	85.1	72.9	12.2
	年齢不詳	1.8	1.8	－
	総計	109.4（100%）	96.2（87.9%）	13.2（12.1%）

		総数	外来患者	入院患者
精神障害者	20歳未満	59.9	59.5	0.4
	20歳以上	554.6	526.3	28.4
	年齢不詳	0.3	0.3	0.0
	総計	614.8（100%）	586.1（95.3%）	28.8（4.7%）

注1：精神障害者の数は、ICD－10の「Ⅴ　精神及び行動の障害」から知的障害（精神遅滞）を除いた数に、てんかんとアルツハイマーの数を加えた患者数に対応している。
注2：身体障害児・者及び知的障害児・者の施設入所者数には、高齢者関係施設入所者は含まれていない。
注3：四捨五入で人数を出しているため、合計が一致しない場合がある。
資料：「身体障害者」在宅者：厚生労働省「生活のしづらさなどに関する調査」（2016年）
　　　　　　施設入所者：厚生労働省「社会福祉施設等調査」（2018年）等より厚生労働省社会・援護局障害保健福祉部で作成
　　　「知的障害者」在宅者：厚生労働省「生活のしづらさなどに関する調査」（2016年）
　　　　　　施設入所者：厚生労働省「社会福祉施設等調査」（2018年）より厚生労働省社会・援護局障害保健福祉部で作成
　　　「精神障害者」外来患者：厚生労働省「患者調査」（2020年）より厚生労働省社会・援護局障害保健福祉部で作成
　　　　　　入院患者：厚生労働省「患者調査」（2020年）より厚生労働省社会・援護局障害保健福祉部で作成
出典：内閣府「令和5年版　障害者白書」p.220を一部改変
　　　https://www8.cao.go.jp/shougai/whitepaper/r05hakusho/zenbun/index-pdf.html（2023/09/21閲覧）

(2)　3障害の年齢階層別障害者数の推移

❶身体障害児・者

　在宅の身体障害児・者428万7,000人を年齢階層別にみると、その内訳は図8－3のようになり、年齢階層があがるほど割合が高くなる。特に65歳以上の割合が72.6%と高く、これは同年のわが国全体の高齢化率27.3%の約2.7倍にあたる。また、1970（昭和45）年からの年齢階層別の割合の推移をみると、0～17歳はほぼ横ばいであることに対し、65歳以上は3割程度であったものが、約45年後には7割近くになっている。

図8-3　年齢階層別障害児・者数の推移（身体障害児・者（在宅））

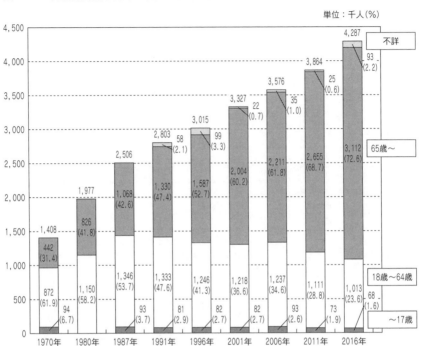

注1：1980年は身体障害児（0〜17歳）に係る調査を行っていない。
注2：四捨五入で人数を出しているため、合計が一致しない場合がある。
資料：厚生労働省「身体障害児・者実態調査」（〜2006年）、厚生労働省「生活のしづらさなどに関する調査」
　　　（2011・2016年）
出典：表8-2に同じ　p.222

❷知的障害児・者

　在宅の知的障害児・者96万2,000人を年齢階層別にみると、その内訳は図8-4のようになり、身体障害児・者と比べ18歳未満の割合（22.2%）が高い一方で、65歳以上の割合（15.5%）が低いことがわかる。

❸精神障害者

　外来の精神障害者586万1,000人を年齢階層別にみると、その内訳は図8-5のようになる。65歳以上の割合は35.1%であり、身体障害者ほどではないが、同年のわが国全体の高齢化率（24.1%）と比べると高い。

図8-4 年齢階層別障害児・者数の推移（知的障害者・在宅）

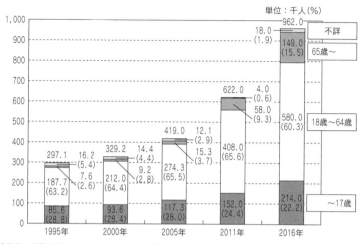

注：四捨五入で人数を出しているため、合計が一致しない場合がある。
資料：厚生労働省「知的障害児（者）基礎調査」（～2005年）、厚生労働省「生活のしづらさなどに関する調査」
（2011・2016年）
出典：表8-2に同じ　p.223

図8-5 年齢階層別障害者数の推移（精神障害者・外来）

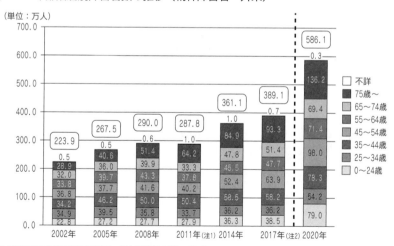

注1：2011年の調査では宮城県の一部と福島県を除いている。
注2：2020年から総患者数の推計方法を変更している。具体的には、外来患者数の推計に用いる平均診療間隔の
算出において、前回診療日から調査日までの算定対象の上限を変更している（2017年までは31日以上を除
外していたが、2020年からは99日以上を除外して算出）。
注3：四捨五入で人数を出しているため、合計が一致しない場合がある。
資料：厚生労働省「患者調査」（2020年）より厚生労働省社会・援護局障害保健福祉部で作成
出典：表8-2に同じ　p.224

｜2　障害福祉サービスの概要と利用までの流れ

　第3章にも述べているが、2003（平成15）年度に支援費制度が始まった。この制度は、利用者本位のサービス給付のしくみとして始まったものであった。しかし「精神障害等については、制度の適用外とされ利用できない」「費用負担の財源を確保することが困難」などの問題により、早々に見直しを迫られることとなった。こうした問題を解決するため、2005（同17）年に制定されたのが「障害者自立支援法」である。

(1)　障害福祉サービスの概要

　2013（平成25）年に施行された障害者総合支援法で規定されている障害福祉サービス等は自立支援給付と地域生活支援事業に分けられている（図8－6参照）。

　同法に定められる障害福祉サービス等は、市町村が責任者となって実施するものと、都道府県が実施するものがある。前者には介護給付、訓練等給付、相談支援、自立支援医療、補装具などからなる自立支援給付と、日常生活用具給付、移動支援などが含まれる地域生活支援事業がある。この地域生活支援事業は市町村をバックアップするために都道府県が行うものもある。

(2)　障害福祉サービス等の利用について

　介護給付と訓練等給付を受けるためには、どのようなサービスをどのくらい受けるのかを決定するプロセスを踏まなければならない。そのようなサービス利用までのプロセスと手続きについて述べる（図8－7参照）。

　サービス利用を希望する障害者（サービス利用申請者）は市町村に支給の申請を行い、介護給付を希望する場合は障害支援区分の認定を受ける。次に、サービス利用申請者は指定特定相談支援事業者で「サービス等利用計画案」を作成してもらい、市町村に提出する。市町村は、提出された計画案や勘案すべき事項をふまえ、支給決定をする。その後、利用者本人や家族、サービス事業者などからなるサービス担当者会議を開催し、実際に利用する「サービス等利用計

図8−6　障害者総合支援法における給付・事業

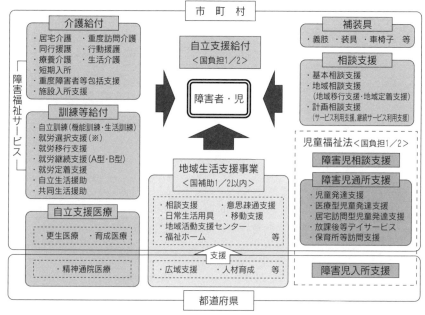

（※）障害者の日常生活及び社会生活を総合的に支援するための法律等の一部を改正する法律（令和4年12月16日公布）により新たに創設。（施行日：公布後3年以内の政令で定める日）
資料：厚生労働省
出典：表8−2に同じ　p.104

図8−7　支給決定プロセス

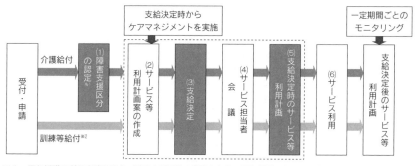

※1　同行援護の利用申請の場合、障害支援区分の調査に加えて同行援護アセスメント票によるアセスメントを行います。ただし、身体介護を伴わない場合は、心身の状況に関するアセスメント、障害支援区分の一次判定、二次判定（審査会）及び障害支援区分の認定は行わないものとします。
※2　共同生活援助の利用申請のうち、一定の場合は障害支援区分の認定が必要です。
出典：全国社会福祉協議会「障害福祉サービスの利用について（2021年4月版）」pp.12−13

表8−3　障害者手帳所持者別にみる、障害者総合支援法に基づく福祉サービスの利用状況

(65歳未満)

	総数	障害者手帳所有者	障害者手帳の種類（複数回答）			手帳非所持で、自立支援給付等を受けている者
			身体障害者手帳	療育手帳	精神障害者保健福祉手帳	
総数	1,891 (100.0%)	1.776 (100.0%)	859 (100.0%)	631 (100.0%)	472 (100.0%)	115 (100.0%)
利用している	606 (32.0%)	570 (32.1%)	217 (25.3%)	334 (52.9%)	130 (27.5%)	36 (31.3%)
利用したいが、利用できない	38 (2.0%)	33 (1.9%)	13 (1.5%)	12 (1.9%)	14 (3.0%)	5 (4.3%)
利用していない	1,021 (54.0%)	954 (53.7%)	499 (58.1%)	232 (36.8%)	272 (57.6%)	67 (58.3%)
不詳	226 (12.0%)	219 (12.3%)	130 (15.1%)	53 (8.4%)	56 (11.9%)	7 (6.1%)

出典：厚生労働省『「生活のしづらさなどに関する調査（全国在宅障害児・者等実態調査）」結果』2016年　p.35をもとに作成

画」を作成する。この計画に基づいてサービス利用が開始され、定期的にモニタリングがなされる。「サービス等利用計画案」を作成する際、計画相談支援の利用を希望しない場合は、障害者やその家族、支援者等が「セルフプラン」を作成し提出することもできる。

　前述した厚生労働省の「生活のしづらさなどに関する調査」によれば、65歳未満の障害者手帳所持者のなかで、福祉サービスを利用している人が32.1%にすぎないという結果が出ている（表8−3参照）。

(3)　障害児の福祉サービス等の概要

　障害児を対象としたサービスは障害者総合支援法に基づく居宅サービス（障害福祉サービス）と児童福祉法に基づく通所・入所サービスがある。後者は「障害児入所支援」と「障害児通所支援」に大別されている（表8−4参照）。

　障害児のサービス利用までのプロセスもそれぞれ異なる。居宅サービスを利用する場合は、保護者が市町村に支給の申請を行う。その後、指定特定相談支援事業者に「サービス等利用計画案」を作成してもらう。障害児通所支援を利用する場合は、市町村に支給の申請を行った後、指定障害児相談支援事業者に、

表8-4　市町村・都道府県における障害児を対象としたサービス

市 町 村

障害児通所支援	児童発達支援※	児童福祉施設として位置づけられる児童発達支援センターでは、身近な地域で必要な支援が受けられるなど地域における障害児支援の中核的役割を担う。 ①児童発達支援センター 　通所支援のほか、身近な地域の障害児支援の拠点として、「地域で生活する障害児や家族への支援」、「地域の障害児を預かる施設に対する支援」を実施するなどの地域支援を実施する。 ②児童発達支援事業 　通所利用の未就学の障害児に対する支援を行う。
	放課後等デイサービス	就学中の障害児に対して、放課後や昼休み等の長期休暇中において、生活能力向上のための訓練等を継続的に提供する。 学校教育と相まって障害児の自立を促進するとともに、放課後等の居場所づくりを推進する。
	居宅訪問型児童発達支援	重度の障害等により外出が著しく困難な障害児の居宅を訪問して発達支援を行う。
	保育所等訪問支援	保育所等（保育育、幼稚園、小学校、放課後児童クラブ、乳児院、児童養護施設等）を現在利用中の障害児、今後利用する予定の障害児に対して、訪問により、保育所等における集団生活の適応のための専門的な支援を提供し、保育所等の安定した利用を促進する。

都道府県

障害児入所支援	福祉型障害児入所施設	施設に入所している障害児に対して、保護、日常生活の指導及び知識技能の付与を行う。
	医療型障害児入所施設	施設に入所または指定医療機関に入院している障害児に対して、保護、日常生活の指導及び知識技能の付与並びに治療を行う。

※地域における障害児支援の中核的役割を担うことの明確化や障害種別にかかわらず障害児を支援することを目的として、2022（令和4）年の改正児童福祉法で福祉型と医療型が一元化された。
出典：図8-7に同じ　pp.6-7を一部改変

「障害児支援利用計画案」を作成してもらう。これらの利用計画案は、障害児についても、セルフプランを作成・提出することができる。それぞれ計画の作成を経て、支給決定を受けた後、利用する施設と契約を結び、利用開始となる。障害児入所支援については、児童相談所が専門的な判断を行い入所となるため、障害児支援利用計画の作成は必要ない。

第 5 節　障害者福祉の基本理念

　本章の冒頭で述べた自立生活運動と同様、現在の障害者福祉を支える基本理念を紹介する。

1　ノーマライゼーション

　「ノーマライゼーション」とは、人間がもっているさまざまな違いを乗り越え、すべての人々が同じ地域社会の一員として、ともに社会生活に参加し、日常生活を営めるような社会こそがノーマルな社会であり、そのような社会にするための条件を整えるべきであるという考え方である。

　「ノーマライゼーション」という用語がはじめて使用されたのは、1946年にスウェーデンで出された「ある程度生産労働に従事することができる人たちのための検討委員会」報告書である。そのなかで障害者の生活や雇用状況の社会的不平等をなくしていく「ノーマライゼーション化」が必要であると明記されている[6]。

　その後、1950年代にデンマークで知的障害児をもつ親の会とかかわりが深かったバンク‐ミケルセン（N. E. Bank-Mikkelsen）が「1959年法」の前文に「ノーマルな生活」という言葉を使用した。さらに、1969年にスウェーデンのニィリエ（Nirje, B）が発表した「ノーマライゼーションの原理とその人間的処遇とのかかわり合い」という論文が注目され、ノーマライゼーションの考え方は世界に広がっていった。このニィリエが整理したノーマライゼーション原理の8つの側面（①一日のノーマルなリズム、②一週間のノーマルなリズム、③一年間のノーマルなリズム、④ライフサイクルにおけるノーマルな発達段階、⑤ノーマルな個人の尊厳と自己決定権、⑥その文化におけるノーマルな性的関

　＊6　これまで「ノーマライゼーション」は1950年代にデンマークで誕生したということが通説であったため、多くのテキストにはそのように記されているが、2009（平成21）年に新たな説が提示された。詳細は河東田博『ノーマライゼーション原理とは何か―人権と共生の原理の探究』現代書館　2009年　pp.28-41を参照。

係、⑦その社会におけるノーマルな経済水準とそれを得る権利、⑧その地域における
ノーマルな環境形態と水準）は、知的障害者の生活がノーマライゼーションの原理に
適っているか否かを測る指標であるともいえる。このように障害者の領域で生まれた
理念であるが、今日においては社会福祉全体を支える重要なものとなっている。

2　バリアフリーとユニバーサルデザイン

「バリアフリー」とは、障害者の社会生活においてバリア（障壁、障害）となっているものを取り除くことである。バリアには大きく以下の4つがあるといわれている。1つ目は物理的なバリアである。これは歩道や入口に段差があると通れないなど建物や交通機関などに関するものである。2つ目は制度的なバリアである。これは点字による試験を認めてくれないとか、障害を理由に就職、資格取得が制限されることなどである。3つ目は文化・情報面のバリアである。これは点字や手話通訳、分かりやすい表示などがないために必要な情報を得ることができないなどである。4つ目は意識上のバリアである。これは差別や偏見、障害に対する誤った認識などである。

一方「ユニバーサルデザイン」とは、障害の有無、性別の差異や文化・国籍の違いなどにかかわらず、あらゆる人にとって使いやすい製品や生活しやすい環境などをつくり出すことである。ハード面のみならず、文化や情報、サービスなどのソフト面もその対象範囲である。

バリアフリーがすでに存在するバリアを除去していくのに対し、ユニバーサルデザインは、最初からバリアのない製品や環境をつくるというものである。

3　ソーシャル・インクルージョン

「ソーシャル・インクルージョン（social inclusion）」とは「社会的包摂」と訳することができる。あらゆる人々を孤独や孤立、排除や摩擦から護り、健康で文化的な生活が実現されるように、社会の構成員として包み込み、支え合うという理念である。1990年代にヨーロッパ連合（EU）で普及された貧困と「社会的排除（social exclusion）」に抗する用語であり、はじめて日本で使用された

のは2000（平成12）年に出された「社会的な援護を要する人々に対する社会福祉のあり方に関する検討会」報告書においてである。障害者福祉のみならず、現在の社会福祉体制では対応できない制度の狭間で社会的支援を要する人々も排除されることなく地域社会のなかで暮らしていけるようにするためには欠かせない考え方である。

4 　自己決定／意思決定

「自己決定」とは、自らの生き方や生活について自由に決めることができることであるが「障害者の権利に関する条約」（障害者の権利条約）の日本政府公定訳が2014（平成26）年に公布されたこともあり*7、近年「意思決定」と表現されることも多い。

自立生活運動において障害者は自らの意思をもって判断・行動すること、つまり自己決定し、主体的に生活していくことが自立であると主張していたことから、自己決定／意思決定は自立生活の実現と切り離せないものであると同時に、ノーマライゼーション原理の8つの側面のひとつでもあることから、ノーマルな社会にしていくためのひとつの条件であるといえる。

自己決定／意思決定は、何を着るか、何を食べるか、どこに出かけるかなどの生活レベルから、措置方式から契約方式に変わったことによる社会福祉サービスを選択・決定する社会サービスレベル、生活や暮らしに大きくかかわる政策立案プロセスに参加・参画する政治レベルまでさまざまなレベルにあり、レベルに応じて自己決定／意思決定が尊重されなかった場合に被る不利益の度合いも異なってくるため、自己決定／意思決定を可能にする支援のあり方も検討されなければならない。

「自己決定／意思決定」と「支援」は相容れないもののようであるが、次節で述べる「障害者の権利条約」では、すべての障害者に法的能力を認めることを前提としている。認められているにもかかわらず、行使することが困難な場合は、行使するための支援を受けることは権利であり、そのような支援は合理的

*7　障害者の権利に関する条約（日本政府公定訳）
　　https://www.mofa.go.jp/mofa/files/000018093.pdf

配慮であると考えられている。

第 6 節　障害者の権利に関する条約

　近年の障害者福祉において最も注目すべきは障害者の権利条約の批准とそれに向けてのさまざまな動きである。そして今後は、条約の内容を日本の障害福祉法制度にいかに反映させていけるかということを考えていく必要があるだろう。

1　批准に至るまでの国内における法整備

　「障害者の権利条約」は2001年に国連により策定が提唱され、2006年8月に条約案が合意された。そして2006年12月13日、第61回国連総会にて採択され、2008年5月にその効力を発した。

　この障害者の権利条約は策定プロセスの審議においてNGO代表の発言が認められる機会があり、多くの障害当事者が参画し作成された。障害者の権利条約の特長は、社会モデルに基づく障害観と合理的配慮という考え方を含めた点である。合理的配慮とはたとえば、知的障害者が会議に参加したときに、わかりやすく説明してくれる人や資料を用意し、議論に加わることができるように配慮するようなことである。つまり、一人ひとりの障害の状態を考慮した変更や調整・工夫を行うことであるといえる。

　日本がこの障害者の権利条約に署名したのは2007（平成19）年である。署名とは合意したことを示す手続きである。さらに条約を守ることを示す手続きである批准は2014（同26）年1月20日に行われた。

　批准した条約は日本国憲法に準ずる法律となり、各関連法の上位に位置づく。そのため、批准するにあたって国内の各関連法の整備が必要となる。

　日本は障害者の権利条約を批准するまで約7年を要したことになるが、まずは、各障害関連法が整備されるまでの動きとその内容について取り上げる。

⑴ 障がい者制度改革推進会議

2009（平成21）年12月、今後の障害者福祉制度や法律について検討するための「障がい者制度改革推進本部」が内閣府に設置された。そしてその下部組織として設置されたのが「障がい者制度改革推進会議」（推進会議）である。推進会議は、障害者の権利条約の批准にむけて法整備を検討するために組織されたものであり、障害者基本の改正と当時の障害者福祉に関する法律（障害者自立支援法）に変わる新しい法律の制定、障害者差別禁止法の制定について検討を行った。

推進会議は26名の構成員のうち半数が障害当事者か家族であった。参画した当事者たちの障害種別も多様であったため、それぞれの特性に応じた支援のあり方が問われる場にもなった。

⑵ 障害者基本法の改正

障害者の権利条約の批准に向けて、2011（平成23）年に「障害者基本法の一部を改正する法律」が公布・施行された。改正の大きな特徴は、第1条の目的において、すべての人が人権を持っているという考え方に基づいて、障害の有無にかかわらず個人として尊重されるという理念が打ち出されたこと。障害の有無にかかわらず、すべての人が互いに尊重し合いながら共生する社会を実現することが明記されたことである。

さらに、第3条において、社会の一員としてあらゆる活動に参加できること、どこで誰と生活するのかを選択できること、コミュニケーション手段を選択できることを共生であると規定したことである。

また、第2条で障害者の定義を拡大したこと、第4条では差別を禁止し、第2項において合理的配慮という考え方を導入したことである。前者については、第3節第1項で述べたとおりである。後者については第4条第2項に下記のような合理的配慮に関する条文が加わった。

> 社会的障壁の除去は、それを必要としている障害者が現に存し、かつ、その実施に伴う負担が過重でないときは、それを怠ることによつて前項の規定に違反することとならないよう、その実施について必要かつ合理的な配慮がされなければならない。

この合理的配慮に関する条文がつけ加えられたことを受け「障害者差別解消法」では、合理的配慮に欠けることと差別の関係について明示した。

また、障害者基本法は障害者の自立および社会参加の支援等のための施策の総合的かつ計画的な推進を図るために、障害者基本計画の策定を義務づけているが[*8]、2023（令和5）年に「第5次障害者基本計画」[*9]が策定された。この計画は、内閣府に設置されている障害者政策委員会において1年以上にわたり検討されたものである。

なお「第3次障害者基本計画」では、特別支援学校の生徒や先生と話し合いながら「わかりやすい版」[*10]が作成された。このように難しい言葉を理解することが困難な人たちのために「わかりやすい版」を用意することは合理的配慮であり、そのプロセスに当事者が参画することは自己決定／意思決定の尊重にあたる。

⑶　障害者自立支援法の廃案と新法の制定

「障害者自立支援法」とは2005（平成17）年に成立した障害福祉サービス等について規定した法律である。この法律成立前の2003（同15）年度にサービス利用方法が措置制度から利用契約制度に変わり、利用料の支払い方法は利用に要した費用のうち本人の負担能力に応じて支払う応能負担になっていた。しかし、

＊8　障害者基本法第11条に、政府は「障害者基本計画」を、都道府県は「都道府県障害者計画」を、市町村は「市町村障害者計画」を策定しなければならないと規定されている。

＊9　1993（平成5）年度から10年間を期間とする「障害者対策に関する新長期計画」が、1993（同5）年に改正された障害者基本法に基づく障害者基本計画として位置づけられた。その後、2003（同15）年度から10年間を期間とする「第2次障害者基本計画」が、2023（令和5）年には「第5次障害者基本計画」が策定された。
https://www8.cao.go.jp/shougai/suishin/pdf/kihonkeikaku-r05.pdf

＊10　第3次障害者基本計画「わかりやすい版」
https://www8.cao.go.jp/shougai/suishin/kihonkeikaku3/wakariyasui-p.pdf

＊11　当時の障害者自立支援法において応益負担の導入以外に、追加、改正事項としては、以下のようなことがある。
・介護保険の要介護認定の指標を参考にした障害程度区分を設け、区分に基づく支給決定がなされることになったこと。
・これまで対象外であった精神障害者が障害者福祉サービスの対象に含まれたこと。
・身体障害・知的障害・精神障害ごとの障害種別のサービス体系を一元化したこと。
・サービス体系を「介護給付」「訓練等給付」「地域生活支援事業」に再編したこと。

障害者自立支援法では利用料の原則1割を一律に支払う応益負担等が導入された[*11]。応益負担方式に関しては障害者から、生存権や幸福追求権の侵害であると批判され、障害者自立支援法違憲訴訟へと発展していった。

2010（平成22）年に障害者自立支援法違憲訴訟は和解に至ったが、同時に、同法を廃止し、2013（同25）年度までに新たな法律を制定することになった。そのプロセスに障害当事者も参画することとなった。推進会議の下に総合福祉部会を設置し、総合福祉部会にも多くの障害当事者が構成員として加わった。

2011（平成23）年には、総合福祉部会でのそれまでの議論をまとめた「障害者総合福祉法の骨格に関する総合福祉部会の提言」を出したが、2013（同25）年からスタートした新法・障害者総合支援法にこの提言は十分に反映されなかった。今後、障害者総合支援法を見直す機会に提言の内容を反映することを障害者たちは求めている。

⑷ 障害者差別解消法の制定

「障害者差別解消法」とは、2013（平成25）年に成立し、2016（同28）年4月1日に施行された、障害を理由とする差別の解消を推進するための事項等について規定した法律であり、正式名称を「障害を理由とする差別の解消の推進に関する法律」という。本節第3項でみた障害者基本法第4条の内容をより具体化した法律である。

2010（平成22）年、厚生労働省内に推進会議の部会である「差別禁止部会」が組織され、法律の制定に向けて議論した。その結果を「『障害者の差別を理由とする差別の禁止に関する法制』についての差別禁止別部会の意見」としてまとめた。この意見をふまえ同法は成立した。

この法律は差別した人を罰することを目的としているのではなく、合理的配慮を実施しないことを差別とし、それを解消することで、障害の有無によって分け隔てられることなく、相互に人格と個性を尊重し合いながら共生する社会の実現に資することを目的としている。そして合理的配慮の実施を国や地方公共団体については義務とした。一般事業者については努力義務としていたが、2024（令和6）年4月からは義務となる。

2　障害者の権利条約

「障害者の権利条約」は、前文と本文50条からなっている。第1条の目的において、障害を「長期的な身体的、精神的、知的又は感覚的な機能障害であって、様々な障壁との相互作用により他の者との平等を基礎として社会に完全かつ効果的に参加することを妨げ得るもの」と社会モデルの考え方に基づいていることを明示している。

第2条の定義では、この条約のポイントともいえる「合理的配慮」について「障害者が他の者との平等を基礎として全ての人権及び基本的自由を享有し、又は行使することを確保するための必要かつ適当な変更及び調整であって、特定の場合において必要とされるものであり、かつ、均衡を失した又は過度の負担を課さないものをいう」と定められている。これは障害者を特別扱いするものではなく、あくまでも障害のない人と同等の権利を保障するという考え方である。

第3条では、「固有の尊厳、個人の自律及び個人の自立の尊重」や「無差別」「社会への完全かつ効果的な参加及び包容」「機会の均等」などこの条約がめざすべき一般原則が示されている。

第 7 節　これからの障害児・者福祉

前節でも記したように、障害者の権利条約の批准に向けて、法律は整備された。とはいえ、障害者総合支援法のように見直しが求められているものもある。また、障害者差別解消法に関しては「障害者を理由とする差別の解消の推進に関する基本方針」に即して定められる「対応要領」や「対応指針」の内容が重要になってくる。

一方、法律が整備されるだけでは不十分である。法律に基づいてつくられる制度や提供される支援の内容も検討されなければならない。そこで、これからの障害児・者福祉に求められるであろう視点などをあげてみたいと思う。

1　これからの障害児・者福祉の視点

⑴　地域移行と地域生活支援

　入所施設や病院から地域に住まいの場を移すことを地域移行といい、1995（平成7）年に発表された「障害者プラン」において具体的な数値目標が示されるようになった。しかし現在もまだ、施設や病院に入所・入院している障害者がいる（p.146参照）。このような状況は第5節にあげた障害者福祉の理念に沿っているとはいえない。一方で、障害者総合支援法では相談支援のなかに「地域移行支援」が規定され、住居の確保やその他の移行に関する相談に応じたり、地域移行のための外出に同行したり、体験宿泊等を実施することになっている。このようなサービスを利用することで、今後、地域移行が促進されることが期待できるが、住まいを地域に移すだけでは不十分である。一人ひとりが主体的に、その人らしい暮らしを営めることこそが重要であり、そのためには多様な支援が提供されなければならない。障害者総合支援法では「地域生活支援事業」が規定、地域の特性や利用者の状況に応じた支援が設けられている。

⑵　QOL：Quality of Life（生活の質）

　地域で暮らす障害者が主体的に、その人らしい暮らしが営めているかどうかを図るためにQOLという考え方が大切になってくる。QOLとは生活の質を図る指標であり、ADL（日常生活動作）など客観的に評価できる客観的QOLと満足感や充実感など内面的なものである主観的QOLがある。地域生活支援の内容も、地域で暮らす障害者一人ひとりが、自分の望む日常生活を送れるかどうか、生活の質が確保されているものであることが求められる。

⑶　（災害時援護も含めた）安心安全な環境づくり

　質が確保された生活を送るためには、その基盤に「安心できる環境」が整備されている必要がある。2011（平成23）年の東日本大震災を受け、第3次障害者基本計画には新たに「安全・安心」という施策分野が設けられ、以降、障害者や福祉関係者等の参加および災害関係部局等との連携のもと地域防災計画等

を作成することや、災害時に障害者に適切な情報伝達が行える体制、安否確認が行える体制の整備の推進が含まれている。

　一方で、地域における助け合いや支え合いが可能な関係を築いておく必要もある。2006（平成18）年に出された『災害時要援護者の避難支援ガイドライン』のなかで、防災などのしくみは行政と地域住民、福祉専門職、社会福祉協議会などが協働して措置を講じることが求められている。災害時要配慮者[*12]の意見を聞きながらの福祉コミュニティづくりが必須になるだろう。

(4)　権利擁護

　「安心できる環境」にするためには権利擁護の視点も必要になる。権利擁護には狭義の概念と広義の概念がある。前者は判断能力が不十分な人の尊厳を守るためのしくみであり、成年後見制度（p.127参照）や日常生活自立支援事業（p.128参照）などがある。後者は権利侵害を受けやすい人の権利保障のしくみであり、苦情解決やオンブズパーソンなどがある。さらに、権利擁護には、障害者を擁護されるだけの存在ではなく、自ら主体となって自分の不利や不満を訴えたり、自らの環境を変えたりする存在としてとらえる視点も含まれる。このように自らの権利を護るためにはエンパワメントという考え方が必要になる。

(5)　エンパワメント

　エンパワメントとは、1950年代から1960年代にかけて、アメリカにおいて展開された公民権運動や黒人解放運動のなかで使用された理念であり、後に、対人援助の理念にも位置づけられるようになった。社会的な差別や抑圧によってさまざまなパワーを奪われた人たちが、自らをコントロールするためのパワーを取り戻すプロセスに注目した考え方であり、地域のなかで主体性をもって暮らしていくために不可欠な視点である。それは、当事者主体を支える考え方であるともいえる。

[*12]　高齢者、障害者、外国人、乳幼児、妊婦等があげられ、災害時に特別な配慮や支援が必要な人々のことをいう。2013（平成25）年の災害対策基本法の改正で規定された。災害時要配慮者はそれまでの災害時要援護者という用語を変更したものである。

2　私たち抜きに私たちのことを決めないで

　"Nothing About Us Without Us" という言葉がある。「私たち抜きに私たちのことを決めないで」という障害当事者たちの主張である。障害者の権利条約が策定されるプロセスにおいてもこの主張が繰り返されていたという。推進会議や総合福祉部会に多くの障害当事者が参画したのは、この声に応えた動きであった。障害者も含め、あらゆる人々を社会の構成員として包み込み、支え合える社会にしていくためには「私たち抜きに私たちのことを決めないで」という言葉に応え、多様な人たちとともに、その方策を考えることが大切である。本テキストを手にした人には、いろいろな状況にいる人たちの声や思いに耳を傾けてほしいと願う。

◆◆◆◆　自学自習のためのヒント　◆◆◆◆

1. 障害者総合支援法における給付・事業のサービスや制度の内容について調べてみよう。
2. 障害当事者によって書かれた本や声をまとめた本を読み、当事者たちが望んでいることについて考えてみよう。
3. 障害当事者がどのような活動をしているのか、障害者団体のホームページなどで調べてみよう（例：「障害者情報ネットワークノーマネット障害者団体（障害福祉関連リンク）」https://www.normanet.ne.jp/links/dantai/など）。

【参考文献】

- 内閣府「令和 5 年版　障害者白書」2023年
  https://www8.cao.go.jp/shougai/whitepaper/r05hakusho/zenbun/index-pdf.html（2023/09/21閲覧）
- 日本社会福祉学会事典編集委員会編『社会福祉学事典』丸善出版　2014年
- ベンクト・ニィリエ著、河東田博・橋本由紀子・杉田穏子・和泉とみ代訳編『（新訂版）ノーマライゼーションの原理―普遍化と社会変革を求めて』現代書館　2004年
- 藤井克徳『（JDブックレット 1）私たち抜きに私たちのことを決めないで―障害者権利条約の軌跡と本質』やどかり出版　2014年
- 河東田博『ノーマライゼーション原理とは何か―人権と共生の原理の探究』現代書館　2009年

第9章 地域の福祉

第1節 地域の福祉とは

1 地域福祉の基本的な考え方

(1) 地域の福祉とは何か

　地域のなかには、介護を必要としている高齢者や自立が困難な障がい者、そして乳幼児を抱えている子育て中の家族など、自立した日常生活を送るために何らかの援助を必要としている人たちがいる。地域のなかで安心した生活を営み、さまざまな分野の活動に参加できる地域社会をつくるためには、市町村をはじめ、地域の関係機関や地域住民が、お互いに思いやりをもって支え合っていくことが必要である。つまり、地域社会のなかで、個人が尊重され、自立した人生を送ることができるように、地域の人たちが支え合う地域社会をめざすことが地域福祉であるといえる。

(2) 地域福祉の考え方

　地域福祉を推進する基本的な考え方は、住民主体、利用者本位、生活課題を抱えている人たちへの援助があげられる。地域福祉で最も重要なことは、地域住民の主体的な地域づくりへの参加であり、自分たちの地域を自分たちでより暮らしやすくしていこうとする意欲である。地域福祉は、利用者自らがサービスを選択し安心して利用できるサービス提供の基盤づくりが大切であり、生活課題を抱えて援助を必要としている人たちの生活課題を地域全体の生活課題として共通の認識をもつことが必要である。

2 地域福祉の基本理念—ノーマライゼーション—

　地域福祉の基本的な理念としては、ノーマライゼーションがあげられる。前述のとおり、ノーマライゼーションの理念は、1950年代のデンマークにおける知的障がい児の親の会の運動のなかから提唱されてきたものである。障害者も高齢者も、すべての人が同じ社会の一員として、ほかの人たちと同じように住み慣れた地域のなかでともに生活を送ることがあたり前であるという考え方である。障がい者や高齢者を地域社会から隔離するのではなく、地域のなかでともに支え合い暮らしていけるような地域社会を形成することが地域福祉なのである。

第 2 節　地域福祉の源流

1　地域福祉の発展過程

(1)　地域福祉の源流

　欧米における地域福祉の源流は、1869年にイギリスのロンドンに設立された慈善組織協会（COS：Charity Organization Society）の活動やセツルメント運動にある。慈善組織協会の活動としては、慈善団体間の連絡調整や貧困家庭を訪問する友愛訪問活動などである。1884年にロンドンの東地区にバーネット（S. Barnett）による世界で最初のセツルメント活動の拠点であるトインビー・ホールが設立され、学生や社会事業家などが地域住民と暮らしをともにしながら社会教育や医療活動など地域の改良活動を行った。

　日本におけるセツルメント運動は、1891（明治24）年にアメリカ人の宣教師であるアダムスが岡山に岡山博愛会を設立したことが始まりである。また、1897（同30）年には、キリスト教社会主義に基づき、片山潜が東京神田三崎町にキングスレー・ホールを開設した。

　1917（大正6）年には、岡山県知事の笠井信一による済世顧問制度が創設され、1918（同7）年、大阪に林市蔵や小河滋次郎によって方面委員制度が登場

した。方面委員制度は、ドイツのエルバーフェルト市制度を手本としたもので
あり、地域社会において民間人による隣保扶養機能を活性化させるものであっ
た。これは、今日の民生委員制度につながっていくものである。

(2)　地域福祉の実体化

　地域福祉が実体化してくるのは、1990（平成2）年の福祉関係八法の改正に
よって、在宅福祉サービスが社会福祉事業法（現・社会福祉法）に第2種社会
福祉事業として明確に位置づけられてからである。実際に地域のなかで寝たき
りの高齢者や障がい者が暮らしていくためには、ホームヘルプサービスやデイ
サービス、ショートステイといった在宅福祉サービスが地域のなかに整備され
ていなければならない。在宅福祉サービスが法的に明確になったことは、これ
までの施設収容主義から在宅福祉へと転換していく流れである。そして、2000
（同12）年に社会福祉基礎構造改革の一環として「社会福祉の増進のための社
会福祉事業法等の一部を改正する等の法律」が成立し、社会福祉事業法が社会
福祉法へと改題・改正された。その改正の内容は、措置制度から利用（契約）
制度への転換であり、福祉サービスの質の向上である。そして、社会福祉法に
地域福祉の推進が明確に位置づけられたことである。

2　地域福祉の展開

　福祉サービスの供給主体は、地方公共団体と社会福祉協議会および社会福祉
法人によって担われてきたが、社会福祉基礎構造改革の流れのなかで、在宅福
祉サービスが第2種社会福祉事業となり、民間企業、農業協同組合、生活協同
組合、NPO法人、ボランティア団体などの多様な福祉サービス提供組織によっ
て在宅福祉サービスが提供される体制へと転換していった。地域福祉の推進に
は、行政や社会福祉法人といったフォーマル部門と民間企業やNPO法人、ボラ
ンティア団体などのインフォーマル部門も含めたネットワーク体制が必要に
なってくる。
　また、地域福祉を推進するには、地域住民の主体的な活動への参加が重要で
ある。そのためには、地域福祉計画の策定においては、地域住民が主体的に計

画の策定過程にかかわり、地域住民に対する情報公開と説明責任を果たし、合意形成をしながら協働して地域福祉の推進に努めなければならない。

第 3 節　地域福祉の活動

1　地域福祉の目的

　社会福祉法第4条によれば、「福祉サービスを必要とする地域住民が地域社会を構成する一員として日常生活を営み、社会、経済、文化その他あらゆる分野の活動に参加する機会が確保されるように、地域福祉の推進に努めなければならない」と定められている。また、地域福祉は、住民が地域で生活を送るうえで、関係機関・施設および各種在宅福祉サービスを活用し、または住民相互の助け合い活動によって生活課題を解決しながら、自立生活を支援することを目的としている。

2　地域福祉の内容

　地域福祉の内容としては、保健・医療・福祉サービスの整備と総合化、福祉の増進と予防活動の促進、福祉環境の整備、住民参加による福祉活動の支援などがあげられる。具体的には、介護老人福祉施設などの施設福祉サービスや各種在宅福祉サービス、病院や介護老人保健施設や在宅医療サービスなどの基盤整備が必要である。そして、関係施設や機関および各種在宅福祉サービスを有効・適切に結びつけるケアマネジメント体制の確立や関係機関のネットワーク体制の整備が重要である。また、生きがいづくりや社会参加への促進、寝たきりゼロ運動などの予防活動も大切である。高齢者・障がい者住宅の整備や福祉のまちづくりなどの福祉環境の整備、住民に対する福祉教育や情報提供サービス、ボランティアの育成などがあげられる。

第4節　地域福祉計画と地域福祉活動計画

1　地域福祉計画

(1)　地域福祉計画とは

　地域福祉計画は、2000（平成12）年に制定された社会福祉法によって市町村地域福祉計画（第107条）および都道府県地域福祉支援計画（第108条）の策定として規定されたものである。地域福祉計画は、地域住民に最も身近な行政主体である市町村が、地域福祉推進の主体である地域住民の主体的な参加を得て策定するものである。つまり、地域福祉計画とは、市町村が地域福祉を総合的かつ計画的に推進することにより、社会福祉法に示された地域における社会福祉の推進を達成するためのものである。

(2)　地域福祉計画の内容

　地域福祉計画の内容は、地域のなかで生活課題を抱えて援助を必要としている人たちの生活上の解決すべき課題を明らかにして、それに対応する各種のサービスの内容や量といった供給体制を計画的に整備していくものである。また、地域における社会福祉を目的とする事業の健全な発達を促進し、地域福祉に関する活動への住民の参加を促進していくための計画である。

　社会福祉法第107条には、市町村が策定する地域福祉計画に盛り込むべき事項として、①地域における福祉サービスの適切な利用の推進に関する事項、②地域における社会福祉を目的とする事業の健全な発達に関する事項、③地域福祉に関する活動への住民の参加の促進に関する事項があげられている。

2　地域福祉活動計画

(1)　地域福祉活動計画とは

　地域福祉活動計画とは、市区町村社会福祉協議会が、地域住民、地域において社会福祉に関する活動を行う者、社会福祉を目的とする事業を経営する者な

どと相互協力して策定する地域福祉の推進を目的とした活動などの指針を示した民間の活動・行動計画である。地域住民の福祉活動に対する意識や態度の動機づけを図り、民間事業者の活性化を図ることが重要である。地域福祉活動計画の内容は、地域住民の生活課題を解決するために必要な社会資源の開発などを体系的にとりまとめたものである。市区町村社会福祉協議会の役割は、市町村や公的関係機関と民間の社会福祉事業者との協働および連携を図り、関係機関や各種団体を調整することである。

(2) 地域福祉計画と地域福祉活動計画

　前述のとおり、地域福祉計画は、公的なサービス基盤の整備と地域住民による福祉活動の推進による総合的なサービスを内容とした計画であり、地域福祉活動計画は、地域福祉計画を実現するための地域住民による福祉活動の方法などを内容とした計画である。2つの計画は、ともに地域住民の参加を得て策定されるものであるため、地域福祉の推進を目的として互いに補完・補強し合う関係にあり、整合性を図りながら一体的に策定されるものである。

第 5 節　地域福祉を推進する機関・団体・組織と担い手

1　地域福祉を推進する機関・団体・組織

(1) 社会福祉協議会

　社会福祉協議会は、地域福祉の推進を図ることを目的とする団体として社会福祉法に位置づけられており、全国、都道府県、政令指定都市、市区町村の各段階で組織されている。また、社会福祉を目的とする事業を経営する者、社会福祉に関する活動を行うものが参加しており、福祉関係団体をはじめ、さまざまな組織・団体の協議体としての性格をもっている。

　地域に住む一人ひとりの生活課題を地域全体の課題として地域住民が主体的に考え、社会福祉事業者やボランティア団体などと一緒になって課題を解決し、誰もが安心して暮らすことのできる地域社会の実現をめざしている。在宅福祉

サービスや相談援助活動、ボランティアや市民活動の支援、共同募金運動への協力などさまざまな活動を行っている。社会福祉法人格をもち、営利を目的としない民間組織である。

(2)　共同募金会

　共同募金とは、都道府県を単位として、毎年1回、厚生労働大臣の定める期間内に限って行う寄附金の募集である。共同募金を実施する主体は、社会福祉法人都道府県共同募金会であり、社会福祉事業、更生保護事業、その他の社会福祉を目的とする事業を経営する者に寄附金を配分することとされている。

　2000（平成12）年に制定された社会福祉法では、共同募金の目的として地域福祉の推進が加えられた。寄附金を配分するだけではなく、募金活動を通じて地域福祉を推進するものであることが法律上に明文化されたのである。

(3)　地域包括支援センター

　2005（平成17）年の介護保険法の改正により、2006（同18）年度から地域での介護を支援する中核的な機関として、市町村に設置が義務づけられたのが地域包括支援センターである（pp.175-177参照）。第7章で述べたとおり、市町村、在宅介護支援センターの運営法人（社会福祉法人、医療法人など）、市町村から委託を受けた法人が運営主体となり、地域における総合相談・支援事業、権利擁護事業、介護予防ケアマネジメント事業、包括的・継続的ケアマネジメント支援事業を担っている。職員体制は、保健師、主任介護支援専門員、社会福祉士の3職種の専門職種またはこれらに準じる者である。また、介護保険サービスの範囲だけではなく、地域における社会資源の総合的・重層的なネットワークを構築し、地域住民の相談を総合的に受けとめ、必要なサービスに結びつける機能がある。これまでの介護保険制度の改正において機能強化が図られており、後述する地域包括ケアシステムを構築していく役割を担うことが期待されている。なお、センターの運営は、地域のさまざまな関係者や団体が参加する「地域包括支援センター運営協議会」によって協議・評価されている。

(4) 住民参加型在宅福祉サービス団体

　住民参加型在宅福祉サービス団体とは、地域住民同士が、制度にとらわれないさまざまな活動によって支え合い、自分たちで住みよい地域にするために組織化された団体である。こうした組織的な活動が始まった背景としては、地域のなかにひとり暮らしの高齢者が増加し、介護問題が深刻化してきたことなどがあげられる。活動内容は、家事援助、介護、外出時の付き添い、話し相手、配食サービス、デイサービスなどである。

　特徴としては、会員制と有償制のしくみがあげられる。サービスの利用者と提供者が会員となり、利用者もときには提供者になる。また、無償のサービスは利用者側が遠慮しがちになることから、そういうことがないように非営利・有償によるサービスが提供される。

(5) 当事者団体

　当事者団体とは、社会福祉の領域では、同じ福祉問題を抱える人の集まりであり、障がい児の親の会などが組織化されている。当事者の視点を生かした相談援助やサービスの提供、また、地域福祉計画などの策定に参加し、社会的に不利な状況や不十分な施策などを行政や関係機関に働きかけて、変革や改善をしていく役割がある。これまでの福祉サービスの受益者という受け身な意味合いではなく、地域福祉を推進していく主体者としての活動が期待されている。

(6) ボランティア団体

　ボランティアとは、自発的意志に基づき社会活動を行う者であるとか、無償で社会にかかわる自発的意識をもった人と定義される場合が多い。今日、ボランティアに対する社会的な関心が高まってきており、ボランティア活動をする人の数は年々増加してきている。活動分野も多様な広がりをみせており、また、ボランティア団体をつくり、継続的に活動を行うようになってきた。地域住民は、福祉サービスの受け手としての立場だけでなく、ボランティアとして地域福祉を推進する担い手としての役割も期待されている。

(7)　町内会・自治会

　町内会・自治会とは、個人や家族のみでは解決することが困難な問題を地域住民が連帯して解決し、住みやすい地域をつくっていくための組織である。地域福祉においても重要な役割を担っており、地域住民が安心して生活するために必要な福祉サービスを市町村と一体となってつくり上げていくことが期待されている。具体的な役割としては、生活環境の整備、安全の維持、レクリエーション活動、福利厚生活動、広報・調査などである。

(8)　民間非営利団体（NPO）

　1998（平成10）年に施行された特定非営利活動促進法（NPO法）は、特定非営利活動を行う団体に法人格を付与することにより、地域住民が行う自由な社会貢献活動としての特定非営利活動の健全な発展を促進し、公益の増進に寄与することを目的としている（第1条）。民間非営利団体（NPO：Non-profit Organization）であることから、民間性と非営利性が要件であり、また、特定非営利活動法人（NPO法人）として認証を受けることにより、継続的に事業を実施しやすくなる。福祉分野のNPOは、行政では実施しにくいサービス内容や方法によって、ニーズに対して柔軟に個別に対応していける特徴をもっている。一方で、NPOは営利を目的とはしないが組織を維持・運営していく必要があり、財政上の課題がある。

▌2　地域福祉を推進する担い手

(1)　地域福祉の担い手

　地域福祉を推進するためには、それぞれが役割を分担し協働して福祉コミュニティを構築していく必要がある。市町村などの行政側は、主として地域福祉を推進するための基盤整備の役割と責務があり、社会福祉事業者などは各種の福祉サービスの適切な提供者としての役割と責務がある。そして、地域住民もまた各種福祉サービスの利用者であり、ボランティア活動などを行う地域福祉の担い手でもある。

⑵　民生委員・児童委員

　民生委員は、民生委員法に基づき都道府県知事の推薦によって、厚生労働大臣が委嘱するものである。基本理念として、社会奉仕の精神をもって、常に住民の立場に立って相談・援助を行い、社会福祉の増進に努めるものとなっている。任期は３年で無給である。具体的な職務は、地域住民の生活状況の把握、援助を必要とする人への相談・助言、各種の福祉サービスの情報提供、社会福祉事業者などとの連携・事業や活動の支援、福祉事務所などの関係行政機関への協力である。

　なお、児童福祉法の規定で民生委員は、児童委員を兼務することになっている。

⑶　福祉活動専門員

　福祉活動専門員は、市町村社会福祉協議会の職員であり、民間社会福祉活動の総合的な調査・研究および企画などを行っている。任用にあたっては、社会福祉士または社会福祉主事の資格をもつ者となっている。具体的な職務は、地域の福祉課題の解決のために、関係機関・社会福祉施設および関係団体の専門職員と連携して、住民の自主的な参加による地域活動の組織化を支援しながら、関係行政機関に対して必要な条件整備を要求し、働きかけていくことである。

⑷　介護支援専門員（ケアマネジャー）

　介護支援専門員（ケアマネジャー）とは、ケアマネジメントを担う専門職のことである（p.187参照）。ケアマネジメントとは、地域において、複数の生活課題を抱えている人に対して、生活課題を解決するために各種サービスを調整して有効・適切に結びつけて援助する方法である。介護保険制度上では、介護支援専門員とされているが、ケアマネジメントは高齢者福祉分野のみで用いられる援助方法というわけではない。

　障害者福祉分野では、障害者の日常生活及び社会生活を総合的に支援するための法律（障害者総合支援法）に基づき、相談支援事業として障害者ケアマネジメントが行われている。子ども家庭福祉分野においても、虐待の深刻化の解

決にケアマネジメントが用いられるようになってきた。

(5)　ボランティアコーディネーター

　ボランティアコーディネーターとは、ボランティアを求めている個人や施設・団体と、ボランティア活動を志願する人や団体を結びつけ、調整することを通して、ボランティア活動を支援していく者である。主に社会福祉協議会のボランティアセンター、民間のボランティア協会などで活動している。

第 6 節　これからの地域福祉

(1)　地域福祉推進の課題

　2012（平成24）年度からは、「地域包括ケアシステム」の推進に向けて、医療と介護の連携強化、介護人材の確保とサービスの質の向上、高齢者の住まいの整備、認知症対策の推進、保険者による主体的な取り組みの推進、保険料の上昇の緩和をポイントにあげている。特に、重度の要介護状態になっても、自宅や自宅に近い環境で暮らすための地域包括ケアシステムの基盤整備の取り組みを推進している。具体的には、疾病を抱えても、地域において医療・介護の関係機関が連携して、包括的な在宅医療・介護の提供が望まれる。さらに、配食サービスや見守り活動といった日常的な生活支援サービスを必要とする高齢者の増加に対して、行政サービスだけでは対応が困難であり、NPO、ボランティア、民間企業等の多様なサービス供給体制を構築していくことが課題である。

　地域福祉の推進においては、地域住民が身近なところでいつでも総合的に相談が受けられる体制が必要である。また、地域住民の誰もが必要なときに、必要な各種サービスの情報にアクセスできるような情報提供体制の整備も必要である。そして、地域社会のなかに地域包括ケアシステムを構築していくことが最も重要な課題である。

　たとえば、地域のなかのネットワークの拠点である地域包括支援センターを中心に、地域住民の生活課題に対して関係機関や社会福祉施設が連携し、有効・適切に必要な各種サービスを結びつけていける体制の整備がより一層必要であ

図9-1 地域包括支援センターにおける包括的な支援

地域包括支援センターは、市町村が設置主体となり、保健師・社会福祉士・主任介護支援専門員等を配置して、住民の健康の保持及び生活の安定のために必要な援助を行うことにより、地域の住民を包括的に支援することを目的とする施設。（介護保険法第115条の46第1項）

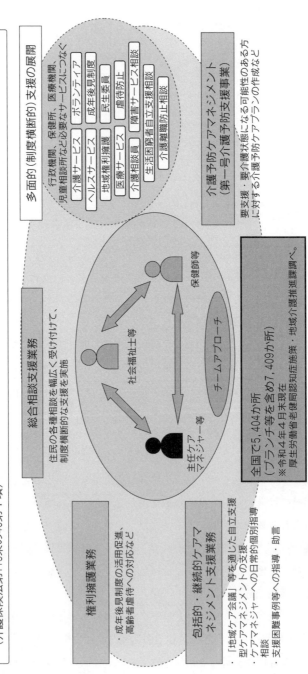

多面的（制度横断的）支援の展開

・行政機関、保健所、医療機関、児童相談所など必要なサービスについて

介護サービス／ボランティア／ヘルスサービス／成年後見制度／地域権利擁護／民生委員／医療サービス／虐待防止／介護相談員／生活困窮者自立支援相談／障害サービス相談／介護離職防止相談

介護予防ケアマネジメント（第一号介護予防支援事業）

要支援・要介護状態になる可能性のある方に対する介護予防ケアプランの作成など

総合相談支援業務

住民の各種相談を幅広く受け付けて、制度横断的な支援を実施

保健師等／社会福祉士等／主任ケアマネジャー等

チームアプローチ

全国で5,404か所
（ブランチ等を含め7,409か所）
※令和4年4月末現在　地域介護推進課調べ。
厚生労働省老健局認知症施策・地域介護推進課へ。

権利擁護業務

・成年後見制度の活用促進、高齢者虐待への対応など

包括的・継続的ケアマネジメント支援業務

・「地域ケア会議」等を通じた自立支援型ケアマネジメントの支援
・ケアマネジャーへの日常的個別指導・相談
・支援困難事例等への指導・助言

出典：厚生労働省「地域包括支援センターの概要」
https://www.mhlw.go.jp/content/12300000/001088939.pdf

る（図9‒1参照）。また、厚生労働省では、「地域共生社会」の実現に向けて改革を進めている。地域共生社会とは、「制度・分野ごとの『縦割り』や『支え手』『受け手』という関係を超えて、地域住民や地域の多様な主体が『我が事』として参画し、人と人、人と資源が世代や分野を超えて、つながることで、住民一人ひとりの暮らしと生きがい、地域をともに創っていく社会」である。地域共生社会の実現に向けた今後の改革のポイントとして、地域課題の解決力の強化、地域住民が支え合う取り組みの育成、地域ごとのつながりの強化をあげている。つまり、地域住民による支え合いと公的支援が連動し、地域を支える包括的な支援体制を構築し、切れ目のない支援を実現していくことをめざすものである。

(2) 地域福祉計画の課題

　地域福祉を推進していくためには、その指針となる地域福祉計画を策定することが重要である。地域福祉計画は行政計画であり、ほかの介護保険事業計画、障害者計画、次世代育成支援行動計画などの行政計画とのかかわりや位置づけが課題である。基本的には、各種の計画を包括した形で地域福祉計画を位置づけ、また、社会福祉協議会が中心となって策定する民間計画である地域福祉活動計画との整合性を図り、一体的に策定することが必要である。

　さらには、地域福祉計画の策定過程に、地域住民やサービス提供事業者の参加が得られるようにしていくことも課題である。地域福祉計画の特徴は、地域住民の参画であり、それによって、行政だけではなく、地域住民を含むすべての関係者が、自分たちが策定した計画に自主的・主体的に取り組むことによって、地域福祉を推進すべきである。

　そのほかにも、地域福祉計画では、福祉コミュニティづくりを進めていくための方策を盛り込むことが必要である。利用・契約制度のもとでは、本人との契約が前提となるので、地域のなかで生活課題を抱えていながらサービスを利用していない地域住民を把握するしくみを構築していくことが課題である。

◆◆◆◆ 自学自習のためのヒント ◆◆◆◆

1. 地域福祉の理念として、ソーシャル・インクルージョンについて調べてみよう。
2. 全国社会福祉協議会、都道府県社会福祉協議会、市区町村社会福祉協議会の役割と機能の違いについて調べてみよう。
3. 介護支援専門員（ケアマネジャー）の資格を取得するための要件について調べてみよう。

【参考文献】

・上野谷加代子・松端克文・永田祐編『新版　よくわかる地域福祉』ミネルヴァ書房　2019年
・福祉臨床シリーズ編集委員会編・山本美香責任編集『新・社会福祉士シリーズ10　地域福祉と包括的支援体制』弘文堂　2022年
・日本ソーシャルワーク教育学校連盟編『最新社会福祉士養成講座／精神保健福祉士養成講座　地域福祉と包括的支援体制』中央法規　2021年
・杉本敏夫監修　橋本有里子・家高将明・種村理太郎編『最新・はじめて学ぶ社会福祉11　地域福祉と包括的支援体制』ミネルヴァ書房　2022年
・木下聖・佐藤陽編『新・社会福祉士養成課程　地域福祉と包括的支援体制』みらい　2022年

第10章 社会福祉の担い手

第1節 社会福祉の従事者に求められる資質とは

1 社会福祉の職場と従事者数の現状

　社会福祉の職場を大きく分けると、相談や判定などを中心に行う機関と、直接支援にあたる施設・事業所がある。

　相談・判定の機関としては、児童相談所〔全国に232か所（2023（令和5）年4月現在）〕、福祉事務所〔都道府県福祉事務所205か所、市町村福祉事務所1,046か所（2023年4月現在）〕、身体障害者更生相談所〔全国78か所（2023年4月現在）〕、知的障害者更生相談所〔全国88か所（2023年4月現在）〕、婦人相談所〔全国49か所（2022年4月現在）〕などがある。

　利用者支援を直接行う職場としては、保育所、障害者支援施設、児童養護施設などの社会福祉施設と訪問介護などの在宅支援を行う事業所がある。現在、これらの社会福祉施設職員数は常勤換算方式（全従業員の週平均の勤務時間数と常勤職員が週に勤務すべき時間数を割った数値）で算出しており、厚生労働省「令和3年社会福祉施設等調査結果」では121万4,854人となっている。また、地域福祉を推進する役割をもつ職場としては、社会福祉協議会などがある。

2 対人援助を行ううえで大切なこと

　社会福祉施設では、前述のように多くの社会福祉従事者が働いているが、社会福祉の職場に共通していることは、「人」に対する支援・援助を行うということである。社会福祉基礎構造改革以降、一部を除いた社会福祉施設は、措置制

度から契約制度へと利用の構造が変わり、利用者支援についても、「処遇」から
「サービス」という言葉が定着してきている。サービスを提供するということ
は、まず、社会福祉従事者として利用者を尊重していく姿勢や態度が大切であ
り、専門的技術を使う前に援助者としての基本的姿勢が求められているという
ことを意味する。バイスティック（F. P. Biestek）は、ケースワーカーが適切
な態度や知識、能力を身につける前の前提条件として、次の6点をあげている[1]。
①偏見や先入観から自由になること。
②人間行動に関する知識。
③クライエントの話を聴く能力とクライエントを観る能力。
④クライエントのペースで動く能力。
⑤人々の感情のなかに入っていく能力。
⑥バランスのとれたものの見方をもち続ける能力。

　これらの条件は、人に対する支援・援助を行ううえで大切であり、人に対す
る興味・関心をもち、人を尊重する心をもち続けることといえる。

　社会福祉を利用する人のことを、ケースワークの現場ではクライエントと呼
んできた。クライエントとは、ケースワークの援助を必要とする対象者のこと
で、弁護士では顧客、医療機関では患者のことである。しかし、最近ではクラ
イエントではなく、利用者という言葉が定着してきている。この言葉には、社
会福祉施設の支援・援助、サービスは利用する人から選ばれるものであるとい
う意味が含まれている。社会福祉基礎構造改革以前の措置制度における社会福
祉の支援・援助は、提供する側がその人にあうだろうと思うものを提供してき
た。しかし、そこには、利用する人の意思や生活の尊重という視点が欠けてい
た。利用する人が主体性をもち、自立した生活を送るために必要な支援・援助
を利用者自らが決めていくという視点が求められているのである。

3　社会福祉従事者としての資質

　社会福祉従事者は、利用者が自立していく道筋をつけるために、さまざまな
社会資源をコーディネートし、支援・援助を行う。しかし、社会福祉の仕事は、
一般的にいわれるサービス、客への奉仕、接待とは少し違い、それ以上に人と

向き合い、その人の人生をみつめ、自立を支援し、終焉に寄り添う。メイヤロフ（M. Mayeroff）は、著書『ケアの本質—生きることの意味』のなかで、「ケアとは衣服のように、ケアする人にとってもケアされる人にとっても、その外部にあるというようなものではない。ケアとは、ケアする人、ケアされる人に生じる変化とともに成長発展をとげる関係を指しているのである」[2]と述べている。これは、他者の成長を第一義的に考え、他者のことを考えていくなかで自分が成長していくということである。このことから考えると、社会福祉従事者の資質は、人に興味・関心があること、さらに、人を尊重しその人の成長を自分のこととして喜べることである。

第2節　社会福祉の職種

1　社会福祉施設の職種

　多くの社会福祉従事者が働く社会福祉施設には、入所型・通所型の施設と、利用施設があり、さらに、子ども、高齢者、障害者など対象者によって施設の種類が分かれ、厚生労働省令によってそれぞれ人員配置の基準が定められている。

　たとえば、子どもを対象としている児童養護施設では、児童指導員、嘱託医、保育士、個別対応職員、家庭支援専門相談員、栄養士および調理員等を置かなければならないとなっている。また、障害者の日常生活及び社会生活を総合的に支援するための法律（障害者総合支援法）に基づき、相談支援事業所には、相談支援専門員、障害者支援施設は、提供するサービス類型によって異なるが、生活支援員やサービス管理責任者などを置くことになっている。介護保険法に基づく指定居宅介護支援事業所には、介護支援専門員（ケアマネジャー）などが置かれている。このような施設や事業所は、社会福祉法人、NPO法人などの法人格で運営されており、職員採用についてはそれぞれの施設、事業所で行われている。

2 社会福祉行政機関の職種と任用資格

(1) 行政機関の職種

　福祉事務所では、指導監督を行う所員、現業を行う所員、身体障害者福祉司、知的障害者福祉司、老人福祉指導主事、家庭児童福祉主事、家庭相談員、母子相談員などが置かれている（指導監督を行う所員と現業を行う所員は社会福祉主事であることと規定されている）。児童相談所などでは、医師、児童福祉司（指導教育担当児童福祉司を含む）、相談員、児童心理司、職能判定員、心理療法担当職員、児童指導員・保育士などが置かれている。相談、調査、判定業務については、行政機関が中心であり、都道府県、市区町村の職員採用試験を受けて配属されることになる。

　しかし、福祉事務所の社会福祉主事や児童相談所の児童福祉司などの配属には、任用するための資格要件がある。これを「任用資格」という。任用資格とは、行政などの職に就いてはじめて名乗ることができる資格である。ここでは、社会福祉主事任用資格と児童福祉司任用資格の法的根拠についてみてみる。

(2) 社会福祉主事

　社会福祉主事任用資格は、社会福祉法第19条により、以下のように定められている。

社会福祉法第19条（資格等）

> 　社会福祉主事は、都道府県知事又は市町村長の補助機関である職員とし、年齢18年以上の者であつて、人格が高潔で、思慮が円熟し、社会福祉の増進に熱意があり、かつ、次の各号のいずれかに該当するもののうちから任用しなければならない。
> 一　学校教育法に基づく大学、旧大学令に基づく大学、旧高等学校令に基づく高等学校又は旧専門学校令に基づく専門学校において、厚生労働大臣の指定する社会福祉に関する科目を修めて卒業した者
> 二　都道府県知事の指定する養成機関又は講習会の課程を修了した者
> 三　社会福祉士
> 四　厚生労働大臣の指定する社会福祉事業従事者試験に合格した者
> 五　前各号に掲げる者と同等以上の能力を有すると認められる者として厚生労働省令で定めるもの

⑶　児童福祉司

児童福祉司任用資格は、児童福祉法第13条により、以下のように定められている。

児童福祉法第13条

> ①　都道府県は、その設置する児童相談所に、児童福祉司を置かなければならない。
> ②　児童福祉司の数は、各児童相談所の管轄区域内の人口、児童虐待の防止等に関する法律（平成12年法律第82号）第2条に規定する児童虐待（以下単に「児童虐待」という。）に係る相談に応じた件数、第27条第1項第3号の規定による里親への委託の状況及び市町村におけるこの法律による事務の実施状況その他の条件を総合的に勘案して政令で定める基準を標準として都道府県が定めるものとする。
> ③　児童福祉司は、都道府県知事の補助機関である職員とし、次の各号のいずれかに該当する者のうちから、任用しなければならない。
> 一　都道府県知事の指定する児童福祉司若しくは児童福祉施設の職員を養成する学校その他の施設を卒業し、又は都道府県知事の指定する講習会の課程を修了した者
> 二　学校教育法に基づく大学又は旧大学令に基づく大学において、心理学、教育学若しくは社会学を専修する学科又はこれらに相当する課程を修めて卒業した者（当該学科又は当該課程を修めて同法に基づく専門職大学の前期課程を修了した者を含む。）であつて、内閣府令で定める施設において1年以上相談援助業務（児童その他の者の福祉に関する相談に応じ、助言、指導その他の援助を行う業務をいう。第7号において同じ。）に従事したもの
> 三　医師
> 四　社会福祉士
> 五　精神保健福祉士
> 六　公認心理師
> 七　社会福祉主事として2年以上児童福祉事業に従事した者であつて、内閣総理大臣が定める講習会の課程を修了したもの
> 八　前各号に掲げる者と同等以上の能力を有すると認められる者であつて、内閣府令で定めるもの

3　非専門的マンパワー

在宅支援を中心とした地域福祉の推進には、社会資源の活用を図ることが求められている。社会資源とは、簡単にいうと利用者以外のすべての人、物、制度、機関などのことである。この社会資源には、フォーマル（公式・制度に則

る）なものとインフォーマル（非公式、制度に則らない）なものがある。これ
らを組み合わせて利用者のニーズに基づく支援をコーディネートすることがケ
アマネジメントの基本的な考え方である。このフォーマル、インフォーマルな
社会資源の中間にある民生委員、身体障害者相談員、知的障害者相談員、母子
保健推進員、里親、職親など、行政サービスを提供するために報酬なしで協力
を期待されている民間奉仕者のことを任意のボランティアと区別して、非専門
的マンパワーと呼んでいる。この非専門的マンパワーやインフォーマルな社会
資源としてのボランティアなどに期待される役割として、阿部志郎は、次の5
点をあげている[3]。

①地域社会の福祉ニーズに積極的に応えようとする先駆的役割
②公的制度の不備を補う補完的役割
③制度や行政施設に対して建設的批判をする批判的役割
④行政施設と住民の間で理解・協力者として活動する架橋的役割
⑤地域の福祉を守り育てる相互扶助的精神を普及する啓発的役割

　社会福祉事業の推進には、フォーマルな支援とともに、このインフォーマル
な非専門的マンパワーやボランティアなどの活躍が大切となる。「福祉」とは、
幸せを意味する言葉であり、社会福祉には、行政による事業だけではなく、住
民同士のふれあいと相互理解が必要である。

第 3 節　社会福祉専門職の資格制度

1　資格の法定化

　従来、日本における社会福祉関係の資格は、行政の特定職に就くための任用
資格であった。保育士も同様に、保育所などの児童福祉施設に就くための任用
資格として位置づけられていた。しかし、少子高齢社会を迎え、福祉ニーズの
拡大とともに、高度な専門的知識が要求されるようになった。これにより、社

会福祉の分野でも、国家資格として法定化されてきた専門職もある。国家資格のなかには、医師、薬剤師、看護師などの一般の人が行ってはいけない業務を許可する「業務独占」の資格と資格取得者でなければ呼称してはいけない「名称独占」の資格がある。社会福祉士、介護福祉士、保育士、精神保健福祉士など社会福祉専門職の資格については、名称独占の資格ということになっている。

　なお、専門職とは、単に資格を得るということではなく、その資格にともなう社会的責任を自覚し、専門家同士が協力し、よりよい社会を構築していくことが大切である。

2　社会福祉に関する主な資格

　ここでは、社会福祉専門職の主な資格制度として、保育士、社会福祉士、介護福祉士、精神保健福祉士、介護支援専門員を紹介する。

(1)　保育士

　社会福祉の資格制度としては、1947（昭和22）年の児童福祉法の制定にともない、託児所が保育所と位置づけられ、保母という任用資格として明確に規定された。これは、戦後のベビーブームにより、幼児保育の必要性が増大したことによる。その後、1977（同52）年３月から男性の保育従事者にも同様の資格が認められ、1999（平成11）年４月から保母という名称は、男女共通名称として「保育士」に改正された。また、2001（同13）年の児童福祉法の一部を改正する法律により、保育士資格が法定化（国家資格化）され、児童福祉施設の任用資格から名称独占資格に改められた〔2003（同15）年11月施行〕。保育士は、2020（令和２）年４月現在で167万３千人が登録されている。

　2012（平成24）年８月、「就学前の子どもに関する教育、保育等の総合的な提供の推進に関する法律の一部を改正する法律（改正認定こども園法）」により、「学校および児童福祉施設としての法的位置づけをもつ単一の施設」として、「幼保連携型認定こども園」が定められた。幼保連携型認定こども園に配置される職員としては「幼稚園教諭免許状」と「保育士資格」の両方の免許・資格を有する「保育教諭」が位置づけられた。

(2)　社会福祉士と介護福祉士

　ホームヘルパーと同様に、高齢社会の進展を背景として2つの国家資格制度が創設された。1つは専門的知識、技術をもって相談、指導などにあたる「社会福祉士」であり、もう1つは高齢化とニーズの多様化に応える介護の専門家である「介護福祉士」である。これらは、1986（昭和61）年1月から福祉関係三審議会の合同企画分科会において福祉の資格制度の見直しが進められ、1987（同62）年3月「福祉関係者の資格制度の法制化について」（意見具申）が行われた。これに基づき、「社会福祉士及び介護福祉士法案」として閣議決定し、同年国会へ提出され、1988（同63）年4月に社会福祉士及び介護福祉士法が全面施行された。

　社会福祉士及び介護福祉士法第2条には、次のように定義されている。なお、2023（令和5）年5月末日現在、社会福祉士として登録されている者は28万6,511人、介護福祉士として登録されている者は193万7,413人である[4]。

社会福祉士及び介護福祉士法第2条（定義）

> 1　この法律において「社会福祉士」とは、第28条の登録を受け、社会福祉士の名称を用いて、専門的知識及び技術をもつて、身体上若しくは精神上の障害があること又は環境上の理由により日常生活を営むのに支障がある者の福祉に関する相談に応じ、助言、指導、福祉サービスを提供する者又は医師その他の保健医療サービスを提供する者その他の関係者（第47条において「福祉サービス関係者等」という。）との連絡及び調整その他の援助を行うこと（第7条及び第47条の2において「相談援助」という。）を業とする者をいう。
> 2　この法律において「介護福祉士」とは、第42条第1項の登録を受け、介護福祉士の名称を用いて、専門的知識及び技術をもつて、身体上又は精神上の障害があることにより日常生活を営むのに支障がある者につき心身の状況に応じた介護（喀痰吸引その他のその者が日常生活を営むのに必要な行為であつて、医師の指示の下に行われるもの（厚生労働省令で定めるものに限る。以下「喀痰吸引等」という。）を含む。）を行い、並びにその者及びその介護者に対して介護に関する指導を行うこと（以下「介護等」という。）を業とする者をいう。

注：第28条および第42条第1項の登録とは、それぞれ社会福祉士登録簿、介護福祉士登録簿に登録されることである。

(3)　精神保健福祉士

　精神障害者を対象とした精神衛生法は、入院措置（自傷他害のおそれがある場合）が中心であった。そこで、1987（昭和62）年、人権配慮、社会復帰施策が盛り込まれた「精神保健法」に改正された。さらに、1995（平成7）年には「精神保健及び精神障害者福祉に関する法律」と改題・改正された。また、この間の1993（同5）年には心身障害者対策基本法が改正されて障害者基本法となり、精神障害者が身体障害者、知的障害者とならんで基本法に位置づけられた。これらの流れのなかで精神障害者の社会復帰を行うための相談支援を行い、医療関係者との調整や地域社会の環境整備を行う専門家の養成が求められてきた。

　この流れのなかで、1997（平成9）年12月、精神保健福祉士法が臨時国会において可決され、1998（同10）年4月から全面的に施行された。

　精神保健福祉士法第2条には、以下のように定義されている。なお、2023（令和5）年3月末日現在、精神保健福祉士として登録されている者は10万3,678人である[4]。

精神保健福祉士法第2条（定義）

> 　この法律において「精神保健福祉士」とは、第28条の登録を受け、精神保健福祉士の名称を用いて、精神障害者の保健及び福祉に関する専門的知識及び技術をもって、精神科病院その他の医療施設において精神障害の医療を受け、又は精神障害者の社会復帰の促進を図ることを目的とする施設を利用している者の地域相談支援（障害者の日常生活及び社会生活を総合的に支援するための法律（平成17年法律第123号）第5条第18項に規定する地域相談支援をいう。第41条第1項において同じ。）の利用に関する相談その他の社会復帰に関する相談に応じ、助言、指導、日常生活への適応のために必要な訓練その他の援助を行うこと（以下、「相談援助」という。）を業とする者をいう。

注：第28条の登録とは、精神保健福祉士登録簿に登録されることである。

(4)　介護支援専門員（ケアマネジャー）

　2000（平成12）年4月から介護保険制度が始まり、ケアマネジメントの手法が導入された。ケアマネジメントは、「インテーク、アセスメント（事前評価）、ケアプラン（介護サービス計画）の作成、ケアプランの実施、モニタリング

（状況観察）、ケアプランの見直しと新プランの実施、終結」という過程で展開
される。介護保険制度を利用する要介護高齢者に対しては、居宅介護支援事業
所あるいは介護保険施設の介護支援専門員（ケアマネジャー）がケアマネジメ
ントを実施している。

　介護支援専門員は、厚生労働省が定める実務の経験がある者が介護支援専門
員実務研修受講試験に合格後、介護支援専門員実務研修の課程を修了し、都道
府県知事の登録を受けて、介護支援専門員証の交付を受けた者をいう。2006
（平成18）年度からは有効期限を５年とし、更新の際には研修を受けることと
なった。厚生労働省老健局の調べでは、2022（令和４）年度現在、介護支援専
門員実務研修受講試験の合格者数は73万9,215人である。

(5)　訪問介護員の資格とキャリアパス

　近年は、高齢化社会を迎え新たな社会福祉のニーズが生まれてきた。特に急
速に伸びてきているのが介護サービスである。これらの仕事の主な基礎資格に
なっていたのがホームヘルパーである。ホームヘルパーは訪問介護員と呼ばれ、
この資格を修得するには、自治体、社会福祉協議会、各種団体、株式会社など
で実施している「介護職員初任者研修課程」を修了することが必要である。ま
た、2012（平成24）年度まで実施されていた「訪問介護員養成研修（ホームヘ
ルパー１級、２級）」および「介護職員基礎研修」修了者も「介護職員初任者研
修課程」修了と同等にみなされ、引き続き訪問介護員として従事することがで
きる。

　なお、2017（平成29）年１月に行われた介護福祉士国家試験から、現任のホー
ムヘルパーが介護福祉士資格を取得するためには、３年以上の実務経験を経た
うえで「実務者研修」を受講し、国家試験を受験することとなった。実務者研
修とは都道府県が指定する合計450時間の研修であり、過去に「介護職員初任者
研修」「訪問介護員養成研修（１級～３級）」「介護職員基礎研修」などを受講し
た場合、研修課程の一部が免除されるとしている。

　また、訪問介護員の資格とキャリアパスとしては、介護職員初任者研修→実
務者研修→介護福祉士→認定介護福祉士がある。認定介護福祉士とは一般社団

法人認定介護福祉士認証・認定機構が介護福祉士の上位資格として認定を開始した民間資格であり、2015（平成27）年12月から開始された。

　さらに、2018（平成30）年４月から、現在の初任者研修に加えて、新たに「生活援助従事者研修」を追加した。これは、身体介護を中心に行う介護福祉士等とは別に、生活援助を中心としたサービスの担い手の育成を目的として設置されたものである。

第 4 節　社会福祉専門職の倫理

1　社会福祉専門職の倫理とは

　グリーンウッド（E. Greenwood）は、「すべての専門職は、①体系的理論 systematic theory、②権威 authority、③コミュニティの認可 community sanction、④倫理綱領 ethical codes、⑤文化 cultureをもっている」[5]と述べている。また阿部志郎は、「福祉の仕事は、マジョリティが優先する社会でマイノリティの『弱さ』にかかわることである。マジョリティの側に立つのが『強者』で、マイノリティは『社会的弱者』と呼ばれる。弱さにかかわると、弱さを利用することもつけこむこともできる。肉体的・経済的・社会的・精神的弱さにかかわっても、それを商売にしたり喰い物にしない職業倫理が求められる」[6]と福祉の仕事の職業倫理について述べている。

　このように専門職は、自ら守るべき理念や行動規範を明確にするために、それぞれの専門職の職業倫理をまとめた「倫理綱領」をもち、社会に表明することが大切である。倫理とは、「人としてふみ行うべき道」という意味である。社会福祉専門職の倫理とは、社会福祉専門職がそれぞれの分野でふみ行うべき道ということになる。人権擁護、自立支援、秘密保持などの具体的項目があげられている。

2 各種職能団体の倫理綱領

(1) 日本介護福祉士会倫理綱領

　公益社団法人日本介護福祉士会は、倫理綱領の前文で次のように専門職としての決意を述べている。

　　　　　　　　　日本介護福祉士会倫理綱領（抜粋）
　　　　　　　　　　　　　　　　　　　　　　1995年11月17日宣言
前　文
　私たち介護福祉士は、介護福祉ニーズを有するすべての人々が、住み慣れた地域において安心して老いることができ、そして暮らし続けていくことのできる社会の実現を願っています。
　そのため、私たち日本介護福祉士会は、一人ひとりの心豊かな暮らしを支える介護福祉の専門職として、ここに倫理綱領を定め、自らの専門的知識・技術及び倫理的自覚をもって最善の介護福祉サービスの提供に努めます。

---

(2) 日本精神保健福祉士協会倫理綱領

　公益社団法人日本精神保健福祉士協会は、倫理綱領の目的のなかで次のように述べている。

　　　　　公益社団法人日本精神保健福祉士協会倫理綱領（抜粋）
　　　　　　　　　　　　　　　　　　　　　　2013年4月21日採択
目　的
　この倫理綱領は、精神保健福祉士の倫理の原則および基準を示すことにより、以下の点を実現することを目的とする。
　1. 精神保健福祉士の専門職としての価値を示す
　2. 専門職としての価値に基づき実践する
　3. クライエントおよび社会から信頼を得る
　4. 精神保健福祉士としての価値、倫理原則、倫理基準を遵守する
　5. 他の専門職や全てのソーシャルワーカーと連携する
　6. すべての人が個人として尊重され、共に生きる社会の実現をめざす

⑶　全国保育士会倫理綱領

　保育士の倫理綱領については、2003（平成15）年、保育士資格が国家資格になり、信用失墜行為の禁止や守秘義務といった倫理規定*1が児童福祉法に盛り込まれることを受けて、全国保育士会が作成し採択した。

　保育士の倫理綱領の内容は、以下の8項目からなる。保育士が専門職として守るべき基本的事項である子どもの最善の利益を尊重すること、守秘義務を規定したプライバシーの保護、専門職としての利用者の代弁、自らの業務を見直し自己研鑽していく専門職としての姿勢などが記されている。

全国保育士会倫理綱領

2003年2月26日採択

　すべての子どもは、豊かな愛情のなかで心身ともに健やかに育てられ、自ら伸びていく無限の可能性を持っています。

　私たちは、子どもが現在（いま）を幸せに生活し、未来（あす）を生きる力を育てる保育の仕事に誇りと責任をもって、自らの人間性と専門性の向上に努め、一人ひとりの子どもを心から尊重し、次のことを行います。

　　私たちは、子どもの育ちを支えます。
　　私たちは、保護者の子育てを支えます。
　　私たちは、子どもと子育てにやさしい社会をつくります。

（子どもの最善の利益の尊重）
1．私たちは、一人ひとりの子どもの最善の利益を第一に考え、保育を通してその福祉を積極的に増進するよう努めます。
（子どもの発達保障）
2．私たちは、養護と教育が一体となった保育を通して、一人ひとりの子どもが心身ともに健康、安全で情緒の安定した生活ができる環境を用意し、生きる喜びと力を育むことを基本として、その健やかな育ちを支えます。
（保護者との協力）
3．私たちは、子どもと保護者のおかれた状況や意向を受けとめ、保護者とより良い協力関係を築きながら、子どもの育ちや子育てを支えます。

＊1　児童福祉法第18条の21には「保育士は、保育士の信用を傷つけるような行為をしてはならない」、また、第18条の22には「保育士は、正当な理由がなく、その業務に関して知り得た人の秘密を漏らしてはならない。保育士でなくなった後においても、同様とする」と定められている。

（プライバシーの保護）
4．私たちは、一人ひとりのプライバシーを保護するため、保育を通して知り得た個人の情報や秘密を守ります。

（チームワークと自己評価）
5．私たちは、職場におけるチームワークや、関係する他の専門機関との連携を大切にします。
　　また、自らの行う保育について、常に子どもの視点に立って自己評価を行い、保育の質の向上を図ります。
（利用者の代弁）
6．私たちは、日々の保育や子育て支援の活動を通して子どものニーズを受けとめ、子どもの立場に立ってそれを代弁します。
　　また、子育てをしているすべての保護者のニーズを受けとめ、それを代弁していくことも重要な役割と考え、行動します。
（地域の子育て支援）
7．私たちは、地域の人々や関係機関とともに子育てを支援し、そのネットワークにより、地域で子どもを育てる環境づくりに努めます。
（専門職としての責務）
8．私たちは、研修や自己研鑽を通して、常に自らの人間性と専門性の向上に努め、専門職としての責務を果たします。

社会福祉法人　全国社会福祉協議会
全国保育協議会
全国保育士会

第 5 節　関連分野の専門職との連携

1　各関連分野との連携

　たとえば、保育所の保育士は、保育の専門家として保護者、地域の住民に対しての相談支援を行う役割がある（児童福祉法第48条の4）。相談支援の役割が求められる背景としては、児童虐待の増加、家庭や地域のもつ子育て機能の低下などがあげられるが、これらのニーズに応えるには、保育士だけでは対応できないケースがある。保育士にとって連携が欠かせない児童相談所には、児童福祉司、医師（精神科医、小児科医）、児童心理司、心理療法担当職員、保健師、

看護師などが配置されており、そういった各関連分野の専門職相互の連携は重要である。

児童福祉法第48条の 4

---

① 保育所は、当該保育所が主として利用される地域の住民に対してその行う保育に関し情報の提供を行い、並びにその行う保育に支障がない限りにおいて、乳児、幼児等の保育に関する相談に応じ、及び助言を行うよう努めなければならない。
② 保育所に勤務する保育士は、乳児、幼児等の保育に関する相談に応じ、及び助言を行うために必要な知識及び技能の修得、維持及び向上に努めなければならない。

2　医療分野の専門職との連携

(1)　医療分野の主な専門職

　医療分野の主な専門職としては、表10−1のとおりである。そのほかには、緊急時の気道確保などを行う救急救命士や歯科関係（歯科医師、歯科衛生士、歯科技工士）などの職種がある。

　たとえば、社会福祉施設などの利用者のなかには、重度の障害をもつ人や高齢などにより食事を口腔からとることが難しい人がいる。このような利用者の嚥下に関する指導は、歯科関係の専門職と管理栄養士のほか、訓練、生活、教育などにかかわる専門家による指導、支援が日常生活のなかで行われている。

(2)　医療型障害児入所施設における各専門職との連携

　医療型障害児入所施設の提供するサービスは、「保護、日常生活の指導、独立自活に必要な知識技能の付与及び治療」であり、ここでは、多くの専門職の連携による支援が行われている。

　たとえば、医療型障害児入所施設では、児童福祉施設の設備及び運営に関する基準によれば、施設の設備基準には、「医療法に規定する病院として必要な設備のほか、訓練室及び浴室を設けること」となっている。また、施設職員には、「医療法に規定する病院として必要な職員」「児童指導員」「保育士」「児童

表10-1　医療分野の主な専門職

職　種	仕事内容
理学療法士（PT）	厚生労働大臣の免許を受け、医師の指示の下、理学療法を行う。「理学療法」とは、身体に障害のある者に対し、主としてその基本的動作能力の回復を図るため、治療体操その他の運動を行わせ、及び電気刺激、マッサージ、温熱その他の物理的手段を加えることをいう。
作業療法士（OT）	厚生労働大臣の免許を受け、医師の指示の下、作業療法を行う。「作業療法」とは、身体又は精神に障害のある者に対し、主としてその応用的動作能力又は社会的適応能力の回復を図るため、手芸、工作その他の作業を行わせることをいう。
言語聴覚士（ST）	厚生労働大臣の免許を受け、音声機能、言語機能又は聴覚に障害のある者についてその機能の維持向上を図るため、言語訓練その他の訓練、これに必要な検査及び助言、指導その他の援助を行う。
臨床心理士（カウンセラー）	文部科学省認可の財団法人日本臨床心理士資格認定協会が認定する民間資格。心理療法などを用いて患者やクライエントの心の悩みを解消するための援助・支援を行う。
医師	厚生労働大臣の免許を受け、医療及び保健指導を掌ることによって公衆衛生の向上及び増進に寄与し、もって国民の健康な生活を確保する。
看護師	厚生労働大臣の免許を受け、傷病者若しくは褥婦（出産後の女性）に対する療養上の世話、又は診療の補助を行う。
薬剤師	厚生労働大臣の免許を受け、調剤、医薬品の供給その他薬事衛生を掌ることによって、公衆衛生の向上及び増進に寄与し、もって国民の健康な生活を確保する。
義肢装具士	厚生労働大臣の免許を受け、医師の指示の下に、義肢及び装具の装着部位の採型並びに義肢及び装具の製作及び身体への適合を行う。
視能訓練士	厚生労働大臣の免許を受け、医師の指示の下に、両眼視機能に障害のある者に対するその両眼視機能の回復のための矯正訓練及びこれに必要な検査を行う。
管理栄養士	管理栄養士国家試験に合格し、厚生労働大臣の免許を受けた者をいう。傷病者に対する療養のため必要な栄養の指導、個人の身体の状況、栄養状態等に応じた高度の専門的知識及び技術を要する健康の保持増進のための栄養の指導並びに特別の配慮を必要とする給食管理及びこれらの施設に対する栄養改善上必要な指導等を行う。
臨床検査技師	厚生労働大臣の免許を受け、医師又は歯科医師の指示の下に、微生物学的検査、血清学的検査、血液学的検査、病理学的検査、寄生虫学的検査、生化学的検査及び厚生労働省令で定める生理学的検査を行う。
臨床工学技士	厚生労働大臣の免許を受け、医師の指示の下に、生命維持管理装置の操作（生命維持管理装置の先端部の身体への接続又は身体からの除去であって政令で定めるものを含む）及び保守点検を行う。
診療放射線技師	厚生労働大臣の免許を受け、医師又は歯科医師の指示の下に、放射線を人体に対して照射する。

注：PTは "Physical Therapist"、OTは "Occupational Therapist"、STは "Speech-Language-Hearing Therapist" の略。

発達支援管理責任者」「心理指導を担当する職員」「理学療法士又は作業療法士」
を置かなければならないとされている。さらに「主として重症心身障害児を入
所させる医療型障害児入所施設の長及び医師は、内科、精神科、…（中略）…
神経と組み合わせた名称を診療科名とする診療科、小児科、外科、整形外科又
はリハビリテーション科の診療に相当の経験を有する医師でなければならな
い」と定められている。

　以上の規定から、医療型障害児入所施設は、児童福祉施設と病院の２つの機
能を兼ね備えた支援を行う施設ということになる。その支援のことを医療と育
成を組み合わせて「療育」と呼んでいる。総合的に療育を行い、利用者のニー
ズに応えていくために、医療、看護、介護、保育、教育などの専門職相互の連
携がより一層重要となる。

第6節　これからの社会福祉従事者

1　社会福祉の専門性とは何か

　これまでみてきたように、社会福祉マンパワーは、専門職としてのソーシャ
ルワーカーとともに、ケアワーカー、非専門的マンパワー、ボランティアなど
によって構成されている。また、社会福祉専門職の国家資格は、名称独占資格
であり、社会福祉士が行う相談援助、介護福祉士が行う介護、保育士が行う保
育などは独占することができない業務であるという特性がある。

　専門職は、広範囲な分野で一定の知識・技術・経験をもつゼネラリスト
（generalist）と、業務上、他者と明確な差別化ができるような特定分野での深
い知識・技術・経験をもつスペシャリスト（specialist）に大きく分けられる。
医療関係の専門職は、多くの分野でスペシャリストにより構成されているが、
社会福祉分野の専門職は、スペシャリストというよりもゼネラリストであると
いえる。しかし、グリーンウッドは、「専門的技術の遂行には、特殊な教育を必
要とすること、その教育を受けている者は、そうでない者と著しく違って、よ
り優れたサービスを提供すること、そして、充足された人間のニードは、より

優れた職務遂行を正当化するのに十分な社会的重要性を持っていること」⁷⁾と
している。

　保育士の専門性は、子どもの発達段階を理解し、子ども一人ひとりの個性を
尊重した保育を追求していくなかで確立されていくと考えられる。また、介護
福祉士は、介護保険制度の導入によって徐々に高い専門性が要求されている。
介護問題は、誰にでも身近に起こる可能性があり、どのような介護サービスを
受けることができるのかについての関心度はより一層高まっていることから、
介護福祉士の役割が地域住民に浸透してきたと考えられる。また、社会福祉の
専門職は、地域住民からその存在意義が認められることによって、さらに専門
的技術の向上が図られ、育っていくものと考えられる。

2　社会福祉専門職の課題

(1)　福祉援助職のバーンアウトとスーパービジョンの必要性

　社会福祉の専門職は、前述のメイヤロフの言葉のとおり、人を支援すること
は、支援する人、支援を受ける人のなかに生ずる成長の関係であり、そのなか
で専門性が磨かれていくものである。利用者とのかかわりは、利用者自身の人
生に大きく影響を与える出会いでもある。専門職は、その職種をとおして出会
えた利用者に対して、恥じない専門性を磨く自己研鑽が必要となる。

　しかし、利用者とのかかわりや利用者から受ける影響は、ときとして専門職
としての気力を喪失することにつながることもある。これは、バーンアウト
（燃え尽き症候群）と呼ばれている現象である。バーンアウトは、使命感・義
務感・責任感が強すぎる一方でトレーニングや経験が少ない援助者などが、消
耗し尽くした感じで、疲労や意欲の減退が起こるなどの症状をきたすことであ
る。

　バーンアウトに対応するためには、組織としてスーパービジョンに取り組む
ことが大切である。スーパービジョンは、ソーシャルワーカーの養成と処遇の
向上を目的として、スーパーバイザー（監督者または管理者）とスーパーバイ
ジー（援助者）との関係において、スーパーバイザーが、スーパーバイジーの
担当しているケースの内容や援助方法について報告を受け、どのような問題に

向き合っているか、どのようなことに悩んでいるかを把握し、適切な指導を行うことである。

　スーパービジョンを行うには、両者の信頼関係が大切である。スーパーバイザーは、スーパーバイジーの言葉やしぐさのなかで繰り返し発信される訴えを適切につかんでいくために、経験だけではなく、スーパーバイザーとしての訓練を受けることが重要である。そのためには、職場内においてスーパーバイザーの研修体制や指導訓練体制を確立していくことが必要である。

　社会福祉の仕事は、社会的期待が高く、さらに利用者の抱えている問題を自分の問題としてとらえ、問題解決を追求していくためにケースに没頭してしまう仕事でもある。専門職として柔軟に対応する姿勢と、それぞれの職種の連携を図ることが大切である。また、医療、介護、福祉、教育の専門家が利用者の問題解決のために共通の利用者理解のうえで協力体制をとっていくことがこれからの社会福祉の現場には求められている。

⑵　福祉人材の安定的な養成・確保に向けて

　社会福祉の仕事は、専門性が高いにもかかわらず、ほかの産業分野と比較して適切な給与水準の確保がなされていないなどの現状がみられる。これに対して厚生労働省は、2007（平成19）年8月「社会福祉事業に従事する者の確保を図るための措置に関する基本的な指針」（「福祉人材確保指針」）の改正を行った。具体的には、①労働環境の整備の推進等、②キャリアアップの仕組みの構築、③福祉・介護サービスの周知・理解、④潜在的有資格者等の参入の促進、⑤多様な人材の参入・参画の促進の5つの取り組むべき人材確保の方策が示されている。

◆◆◆◆ 自学自習のためのヒント ◆◆◆◆

1．あなたの地域にある福祉関係機関、施設などをあげ、そこで働く専門職について整理してみよう。
2．児童虐待などを発見したとき、どのように対処したらよいのか、相談援助機関と施設をあげて考えてみよう。
3．スーパービジョンの体制がなぜ必要なのかについて考えてみよう。

【引用文献】
1）F. P. バイスティック著、尾崎新・福田俊子・原田和幸訳『ケースワークの原則（新訳改訂版） 援助関係を形成する技法』誠信書房　2006年　pp.40－45
2）ミルトン・メイヤロフ著、田村真・向野宣之訳『ケアの本質―生きることの意味』ゆみる出版　1987年　p.185
3）阿部志郎『社会福祉専門職ライブラリー基礎編　福祉の哲学』誠信書房　1997年　p.100
4）財団法人社会福祉振興・試験センターホームページ：登録者数の状況
　https://www.sssc.or.jp/touroku/pdf/pdf_tourokusya_month_r505.pdf（2023年7月現在）
5）E. グリーンウッド「専門職の属性」P. E. ワインバーガー編、小松源助訳『現代アメリカの社会福祉論』ミネルヴァ書房　1978年　p.335
6）前掲書3）p.ix
7）前掲書5）p.341

【参考文献】
・社会福祉の動向編集委員会編『社会福祉の動向2023』中央法規出版
・厚生労働省編『令和4年版　厚生労働白書』日経印刷
・厚生労働統計協会編集・発行『国民の福祉と介護の動向　2022／2023』　2022年
・ホームヘルパーネットワーク全国ホームヘルパー協議会
　https://www.homehelper-japan.com（2023年7月現在）

第11章 社会福祉とソーシャルワーク

第1節 ソーシャルワークとは

1 社会福祉援助とソーシャルワーク

　人は、人生の途上でさまざまな困難に出会う。困難に出会ったときに自らの力で乗り切ることができない場合は、各種の社会福祉サービスや社会資源を活用して困難を克服していく。活用する社会福祉のサービスには、具体的な「物」の給付や施設の利用などといった目に見えるものばかりではない。社会福祉の仕事をしている専門家からのアドバイスを受けることによって、困難を克服できることもある。

　たとえば、この困難を「障害」に出会った当事者（当事者家族）と仮定しよう。何らかの事情により障害を負い、社会生活を継続していくことが困難になった場合、仕事や所得を失うことがある。障害によって快適な住空間が保障されないこともある。それまで差し障りなくできた外出や買い物が、一人ではできないことがある。そのことで生きがいである趣味を失うかもしれない。あるいは、「障害」を負ったことにより、心の苦しみや悩みを聞いてほしいと願う場合もある。このようなときにも、社会福祉のさまざまなサービスを活用して日常生活を継続したり、専門機関の相談援助を受けたりすることができる。困難に出会った当事者や当事者家族が、社会福祉サービスを活用したり、専門家のアドバイスに支えられながら自らの困難を克服していくように支援することを「社会福祉援助活動」と呼ぶ。先に仮定した障害者支援の活動においては、障害をもった当事者への深い理解をふまえて、解決すべき問題を明らかにするこ

と、つまり、何がニーズであるのか、解決するためにどのような手立てがあるのかが検討されなければならない。実際の支援の過程では、当事者自らの問題を解決する力を高め、自ら取り組むように自己決定を促し、援助への主体的参加を図っていく。社会福祉援助活動において、このように進められる専門的な援助技術の総称が「ソーシャルワーク」（social work）であり、それを用いる人々が「ソーシャルワーカー」と呼ばれる専門職である。

2　ソーシャルワークの定義

わが国においてソーシャルワークは、かつては社会福祉事業ないしは専門社会福祉事業、近年では、社会福祉実践または社会福祉の方法・技術などと訳されている。

ソーシャルワークの定義に関して、ブリーランド（D. Brieland）は、「一定の訓練を経た技術を有し、福祉サービスの提供に携わる人々の集団で構成される専門職業」であるとし、フリードランダー（W. A. Friedlander）らは、「個人、集団、ないしコミュニティが社会的もしくは個人的な欲求の実現と自立を得ることができるよう援助する、人間関係に関する科学的な知識と技能を基盤とする専門職業としてのサービス」であるとしている[1]。

ソーシャルワークとは、社会福祉援助活動において用いられる専門的援助技術（art）の総称であり、人々を援助する際に用いるさまざまな援助を含む。すなわち、ソーシャルワークとは、社会福祉援助活動の目的の達成に向けて活用されるあらゆる援助のことである。そこで、まず、社会福祉援助活動の目的を確認しておきたい。

3　社会福祉援助活動の目的

社会福祉援助活動の目的は、生活上何らかの困難を抱えた人々が自らの機能を発揮して、よりよく生きることができるようにすることである。ここで最も重要なのは、当事者自らが機能を発揮できるようにすることである。

次に、この目的を達成するための援助のあり方について考えてみる。当事者が主体的に問題に取り組めるようにするには、問題対処への意識を高め、具体

的な対処方法を見出し、実践していくことが必要である。この援助は、単に既存の制度やサービスを当事者に紹介することにとどまらない。その人がおかれている状況やその人および家族の価値観などをふまえ、各種制度やサービスをその人に合うように適用させていくことが求められるのである。このような援助において用いられる専門的援助技術としてのソーシャルワークは、社会福祉の理念を基盤とし、人間理解および行動科学などの理論を駆使することが求められる。

第 2 節　ソーシャルワークの成り立ち―ケースワークを中心として―

1　慈善組織協会とソーシャル・ケースワークの誕生

　ソーシャルワークは、19世紀後半から20世紀後半にかけてイギリスやアメリカにおいて長足の進歩を遂げたのち、日本に入ってきた。戦前は、民生委員制度の成立とともに、戦後は、連合国軍総司令部（GHQ）の指導によって、特にソーシャル・ケースワークという援助技術が積極的に導入された。戦後の混乱期に日本国憲法が制定され、国は、生存権を保障するために、社会保障・社会福祉に取り組むことが求められた。社会福祉については、貧困者対策として生活保護を開始したが、いわゆる生活保護の金銭給付という具体的なサービスと保護を必要とする人々とを結びつけていくために、ソーシャル・ケースワークが用いられた。

　ソーシャルワークのなかで最初に発達したソーシャル・ケースワークは、1870年、イギリスのロンドンにおいて組織された慈善組織協会（COS：Charity Organization Society）の活動にその起源を見出すことができる。19世紀後半、イギリスは、産業革命を経て初期資本主義体制が確立し、高度経済成長が始まった。貧富の格差が広がり、貧しい人々への救済が必要となった。イギリス国家は、救済のための国家的な法律を制定するが、それは厳しいものであり、貧しい人々への救済の多くは、豊かな人々による私的慈善や教会による慈善救済であった。私的な慈善救済は相互に連携がなく、無秩序に施与され、あふれるほ

どの施与を受けるものと受けられないものを生み、また、施しだけで生活するという「職業乞食」を出すという自立を妨げる状況を生み出した。そして、無差別施与の救済により自立意欲の喪失を招くことがないように慈善活動の組織化を進める運動が始められた。この運動のなかで生まれたのが、慈善組織協会（COS）の活動（以下「COS活動」）である。COS活動では、ロンドンをいくつかの地区に分け、地区委員会を組織して要援護者を個別的に調査した。その結果を記録して友愛訪問（friendly visiting）を行ったり、また、慈善団体と連絡調整を図りながらより友好的に活動を行った。COS活動は、1877年にはアメリカに移入され、ニューヨーク州バッファロー市において活発に展開された。イギリスと同様の無秩序な私的慈善事業による貧困者の自立阻害がみられていたアメリカにおいて、イギリスのCOS活動が生かされた。COS活動は、1982年までにアメリカおよびカナダの92都市にまで広がり、今日のソーシャル・ケースワークの土台が築かれた。

2 慈善組織協会の活動とソーシャルワークの発展

　COS活動とソーシャルワークの発展の関連をみてみよう。COS活動は、①ソーシャルワークの方法の構築、②ソーシャルワーカーの専門教育、③医療分野における実践活動という3つの側面に影響を及ぼしたことで注目される。

　ソーシャルワークの方法の構築としては、活動の合理性、有効性、効率性において多くの問題があった救済事業について、友愛訪問、調査、登録、連絡調整を取り入れた組織的な活動が展開され、その後の活動の発展につながり、ソーシャルワーカーの専門教育に大きな影響をもたらした。

　ソーシャルワーカーの専門教育としては、ブース（C. Booth）やラウントリー（S. Rowntree）などが行った社会調査によって貧困の社会的要因への認識が高まった。それに影響され、COS活動において科学的な知識や訓練の必要性が増大するにつれて、ボランティア活動の限界が顕在化し、専門職員が増加した。さらに、サービス調整・充実を図るために、専門職員の養成・教育が問題となった。1904年には、ニューヨーク慈善事業学校に1年間の訓練課程が設けられるようになった。これがソーシャルワークの専門教育の始まりであるとされる。

また、COS活動での有給専任職員の採用が増加していった。

　医療分野におけるソーシャルワークの実践活動としては、1905年にマサチューセッツ総合病院に医療ソーシャルサービスが導入された。当初は、外来部門のみであったが、1919年には、入院部門にもソーシャルワーカーが配置されるようになった。1906年には、コーネル診療所、ベルビュウ大学病院の精神科部門でソーシャルワーカーが雇用された。また、1912年にはボストン・ソーシャルワーク学校に医療ソーシャルワークの1年コースが設定された。1913年には、ボストン精神病院において精神医学ソーシャルワーカーという名称が使用された。

┃ 3　ソーシャルワークの専門職化

　1915年頃からソーシャルワークは、専門的な技術形成を重視する傾向が強まってきた。ボランティア活動の延長としてではなく、専門職業化を促進するために、ソーシャルワークの方法や技法に関心が向けられるようになった。そのきっかけは、全米慈善・矯正会議（1915年）における「ソーシャルワークは専門職業か」というフレックスナー報告であった[2]。フレックスナー（A. Flexner）は、次の6項目を評価基準として、当時のソーシャルワークが専門職業といえるかどうかを検討した。

①広範な個人的責任をともなった、優れて知的な活動に関与するものであること。

②それらは事実に学ぶものであり、その構成員は生の事実から得た経験を実験や演習を通して絶えず再検討すること。

③学問や知識だけにとどまらず、実践への応用を志向するものであること。

④伝授可能なものであり、高度に専門化された教育訓練を通し、駆使・展開できるものであること。

⑤それらは仲間集団を結成し、集団意識をもつようになって、活動や義務、そして責任を保持しつつ、専門化組織を構成すること。

⑥諸個人を組織から排除または隔離することなく公益に寄与すること。そして社会的目的達成のために尽力すること。

フレックスナー報告では、「ソーシャルワークは、独自の技術、専門教育のためのプログラム、専門職業域の文献、実践技能を有していないため、専門職業とはいえない」と結論づけられた。しかし同報告により、ソーシャルワークの専門職業として技術体系を構築することへの認識が高められた。

4 ソーシャル・ケースワークをめぐる論争

COS活動の経験を理論的に整理し、ソーシャル・ケースワーク論を展開したのは、リッチモンド（M. E. Richmond）である。貧しい家庭に生まれたリッチモンドは、バルチモア慈善組織協会に勤めた。また、友愛訪問員としての自らの経験に基づき、援助を受ける人のことを「クライエント」という言葉を用いて、1917年に『社会診断』、1922年に『ケースワークとは何か』を著し、多大な功績を残した。リッチモンドは、後に「ケースワークの母」と呼ばれた。

リッチモンドに代表される伝統的なケースワークは、診断主義ケースワークと呼ばれる。やがて、心理学や精神分析の影響を受けるが、1929年の世界大恐慌によって大量の貧困者が生み出され、その問題への対応が迫られるなかで、ソーシャル・ケースワークは2つに分断される。1つは、リッチモンドの流れを引きながらフロイト（S. Freud）の精神分析の概念と方法を取り入れた診断主義ケースワークであり、もう1つは、フロイトの弟子であるランク（O. Rank）の意志心理学を取り入れた機能主義ケースワークである。両派は、1920年代の終わりから30年にわたって対立した。

診断主義と機能主義のケースワークを折衷的な立場で提案したのが、パールマン（H. H. Perlman）である。パールマンは『ソーシャル・ケースワーク─問題解決の過程』（1957年）を著し、この著書のなかでケースワークの構成要素を「4つのP」として表現し、それらに基づいてケースワーク理論の体系化を図った。すなわち、"Person"（人）、"Problem"（問題）、"Place"（場所）、"Process"（過程）である。その後、"Professional Person"（専門職）と "Provisions"（制度）を加え、「6つのP」とした。また、パールマンは、当事者のワーカビリティ（Workability）、つまり、クライエントがもっている問題を解決する力に着目し、当事者の問題解決に向けた動機づけ（Motivation）、能力（Capacity）、

機会（Opportunity）の３要素を重視した。このワーカビリティのとらえ方は、すべてのソーシャルワークに適用することができる。

第 3 節　ソーシャルワークの方法

1　ソーシャルワークの体系

(1)　直接援助技術と間接援助技術

ソーシャルワークは、一般的に「直接援助技術」と「間接援助技術」から構成されている。

直接援助技術は、援助者がクライエント（「対象者」または「利用者」）と直接的または対面的にかかわりながら困難な諸問題を解決できるように援助する方法であり、「個別援助技術」（ソーシャル・ケースワーク）と「集団援助技術」（ソーシャル・グループワーク）に分類することができる。

間接援助技術は、クライエントとの直接的な関係は結ばないが、環境への働きかけや社会資源の活用、援助のための条件整備を行うなど間接的な援助を展開する。間接援助技術は、「地域援助技術」（コミュニティワーク）、「社会福祉調査法」（ソーシャルワーク・リサーチ）、「社会福祉運営管理」（ソーシャル・ウェルフェア・アドミニストレーション）、「社会活動法」（ソーシャル・アクション）、「社会福祉計画法」（ソーシャル・ウェルフェア・プランニング）に分類することができる。

(2)　関連援助技術

直接援助技術と間接援助技術には分類されないが、直接・間接援助技術双方に関連してくる「関連援助技術」も大切な援助技術である。関連援助技術には、「ケアマネジメント」「スーパービジョン」「ネットワーク」「カウンセリング」「コンサルテーション」がある。

近年、関連援助技術は、伝統的な直接援助技術や間接援助技術と深くかかわりながらソーシャルワークとともに活用される。現代社会においては、住み慣

れた地域でその人らしく在宅生活を継続したいと願っている障害者、高齢者が増えている。その願いを実現するためには、保健・医療・福祉のサービスの連携が不可欠となっている。

　ケアマネジメントは、クライエントが必要とする保健・医療・福祉のサービスを受けることができるように、クライエントと社会にあるさまざまな資源をつなげたり、関係する機関や施設と連携をするなどの調整を図る援助の展開方法である。クライエントのニーズは複雑、多様である。それを充足するためには、質の高いケアマネジメントが必要になってきている。質の高い包括的・継続的なケアマネジメントを行っていくためには、関係する機関のネットワーク技術が欠かせない。ケアマネジメントは、介護保険制度の導入によって用いられた技術であるが、今日、高齢者福祉のみならず、障害者福祉、子ども家庭福祉の領域においても重要な援助技法である。

　また、ソーシャルワークは、対人援助の技術であるといえる。援助者は、常にクライエントに対して、適切で望ましい援助ができるように訓練が必要であり、このことを可能にするのがスーパービジョンである。スーパービジョンは、専門家であるソーシャルワーカーが知識や技術、倫理観を身につける専門職養成の技術であり、近年、関心が高まっている関連援助技術である（pp.196-197参照）。

2　ソーシャル・ケースワーク

(1)　ソーシャル・ケースワークとは

　ソーシャル・ケースワークは、略してケースワークとも呼ばれ、援助を必要としている個人や家族を対象として、主に面接相談の方法によって、援助者との対人関係をとおして個別的に展開される援助である。援助者は、クライエントである個人や家族の問題解決能力を高めたり、クライエントとクライエントを取り巻く環境との関係を調整（改善）していく。ソーシャルワークのなかでも基本となる援助方法である。

(2)　ソーシャル・ケースワークの原則

　ソーシャル・ケースワークの基盤となる原則の代表的なものとしては、バイ

スティック（F. P. Biestek）の7つの原則があげられる。すでに半世紀前にまとめられたものであるが、ソーシャルワーカーがもつべき原則を考える手掛かりとして非常に重要である。原則とは、援助者としてとるべき基本的姿勢、行動の指標である。援助者は、原則が日々の実践のなかで、どのように生かされているのかを意識して検証し続けるものでなくてはならない。その概要は、以下のとおりである。

①個別化の原則：クライエントそれぞれが独自にもっている特性を認め、整理し、それに応じた対応をしていくこと。

②意図的な感情表現の原則：クライエントが秘めている感情、特に否定的な感情を自由に表出できるように対応していくこと。

③統制された情緒関与の原則：援助者が自分の個人的な感情を統制しながらクライエントの感情を敏感に感じ取り、その感情の意味を理解し、援助関係の目的に適合するように意図的に適切に応答していくこと。

④受容の原則：クライエントの特性、また、クライエントの示す態度、行動、感情をあるがままに受けとめ、クライエントの立場から理解して対応すること。

⑤非審判的態度の原則：援助者が自らの道徳的観念や価値観によってクライエントの態度や行動を一方的に評価・判断しないように対応すること。

⑥クライエントの自己決定の原則：援助の過程において、クライエントが自ら適正に判断し、選択し、行動していけるように対応すること。

⑦秘密保持の原則：クライエントに関して得られた情報を第三者にみだりに伝えないという立場を鮮明にして対応すること。

(3) ソーシャル・ケースワークの展開過程

　ソーシャルワークは、その場の思いつきや行き当たりばったりで進められるのではなく、一定の科学的な手続きをとおして進められる。これが展開過程である。

　ソーシャル・ケースワークは、理論的立場により手順の違いはあるが、一定の流れを経て進められる。一般的に、①受理（インテーク）、②事前評価（アセスメント）、③援助計画の立案（プランニング）、④介入（インターベンション）、

⑤点検・評価（モニタリング）、⑥終結という流れをたどる。それぞれの展開過程は、おおむね次のとおりである。

❶受理（インテーク）

クライエントがサービスを受けようとして、援助者とはじめて出会う段階である。ここでは、「基本的な情報収集」「主訴の把握」「不安への傾聴」「問題の適合性の判断」「クライエントへの説明」「相応しい機関への照会」「担当者への引き継ぎ」を行う。

❷事前評価（アセスメント）

インテークによりクライエントへの援助を進めるにあたり、クライエントの抱えている問題を把握する。援助者は、さまざまなところから情報を収集する。その情報をもとに、「クライエントのおかれている状況の分析」「問題の抽出と確認」「緊急性の把握と問題の序列」「クライエントのワーカビリティの把握」を行う。

❸援助計画の立案（プランニング）

クライエントの援助のために目標設定と援助計画の立案を行う。アセスメント結果に基づき、問題解決の緊急性、実現可能性、クライエントの意向などを総合的に判断して目標を設定する。そして、目標を達成するために、具体的にどのような方法で、どの社会資源を活用すべきかを吟味する。クライエントに対して、目標と援助計画について十分に説明し、合意に達しなければならない。

❹介入（インターベンション）

問題解決に向けて援助活動を実施する。クライエント自身に働きかけるものとクライエントを取り巻く環境に働きかけるものがある。

❺点検・評価（モニタリング）

援助活動全体が有効であるか、効果があがっているかを点検・評価する。評価結果を適宜アセスメントし、プランニングを追加・修正してインターベンションに反映させる。

❻終結

クライエントと援助者との間で、設定目標が達成されたと一致した判断が行われた場合には、援助が終結となる。

3　ソーシャル・グループワーク

(1)　ソーシャル・グループワークとは

　ソーシャル・グループワークは、略してグループワークとも呼ばれ、グループ（小集団）を対象として、グループのメンバー（成員）個々の成長や課題をメンバー自身が達成するように促す援助の方法である。グループワークで活用する手段としては、①援助者とメンバーの関係だけではなく、メンバー同士の複数の援助関係による相互作用、②グループでの共通体験としての具体的な活動や行事であるプログラム活動を展開することなどがある。

　コノプカ（G. Konopka）によれば、「ソーシャル・グループワークとは社会事業のひとつの方法であり、意図的なグループ経験を通じて、個人の社会的に機能する力を高め、また個人、集団、地域社会の諸問題に、より効果的に対処し得るよう、人びとを援助するものである」[3]と定義している。

(2)　ソーシャル・グループワークの原則

　ソーシャル・グループワークは、ソーシャルワークのなかのひとつであることから、ケースワークの原則がグループワークにもあてはまる。そのうえで、グループを対象とする点で固有な原則としては、コノプカによって提唱された14の原則がある。ここでは、そこから6つの原則を紹介する。

①個別化の原則：メンバー一人ひとりの個性やニーズを把握し、尊重していく。

②受容の原則：先入観をもつことなく、メンバーのありのままを受け入れる。

③参加の原則：問題解決に向けて、メンバー個々の主体的な参加を促していく。

④葛藤解決の原則：メンバー間で葛藤が生じる場合、メンバー同士でその原因や対処方法を見出せるように援助し、問題解決の達成感を経験させる。

⑤制限の原則：グループへの参加に関するルールをメンバー同士で取り決め、グループの成長を促す。

⑥継続評価の原則：グループ活動の過程で、段階ごとに評価する。

(3) ソーシャル・グループワークの展開過程

　ソーシャル・グループワークでは、前述のとおり、同じような問題を抱えた人同士がグループを形成し、グループのメンバー間の相互作用をとおして問題解決に向かうことをめざす。グループワークの展開過程は、一般的に、①準備期（アセスメント）、②開始期（プランニング）、③作業期（インターベンション）、④終結期という流れをたどる。

❶準備期（アセスメント）

　ソーシャル・グループワークを開始する準備段階である。援助者は、クライエントの生活、意識、ニーズなどをあらかじめ把握しておく。また、メンバーによって構成される集団で、どのような活動（プログラム活動）が行われ、どのような葛藤が起きるのかなどを予測しておく。

❷開始期（プランニング）

　実際にグループのメンバーが集まり、活動を開始する段階である。この段階では、メンバーは新しく構成されたグループに不安や緊張感をもっている。メンバーの自己紹介から始めてグループの緊張した雰囲気を和らげ、メンバー同士がお互いに知り合う。さらにこの段階では、このグループの目的をどのように設定するか、目的を達成するためにはどのようなプログラム活動をするのか、メンバーの役割をどうするのかなどを明らかにする。プログラム活動を何にするのかについて設定するときには、援助者はメンバーの意思決定を援助していく。

❸作業期（インターベンション）

　メンバーが、目的を達成するために課題に取り組む段階である。メンバー各自がそれぞれの目的の達成に向けた具体的な活動ができるように援助していく。特にグループのなかで、各自がどのような動きや発言をしているのかを観察し、適切な援助を行う。

❹終結期

　グループワークの終わりを促す。

4　コミュニティワーク

⑴　コミュニティワークとは

　コミュニティワークとは、地域内に生じている生活問題を解決するために、クライエント、地域住民、関係職種および関係機関が一体となり、主体的・組織的・計画的に活動に取り組むことができるように援助していく技術である。ソーシャル・ケースワークやソーシャル・グループワークがクライエントに直接働きかけるものであるのに対して、コミュニティワークは、地域のあらゆる人々の関係性によって成り立っている社会生活のあり方に働きかけるものである。

⑵　コミュニティワークの基本的な考え方

　コミュニティワークにおける基本的な考え方としては、次の点があげられる。

①住民主体であること：地域住民は専門職に援助される者ではなく、自らの意思によって問題解決を行う主体と位置づける。

②地域特性を考慮すること：その地域の地理的環境、気候風土、文化的環境などを考慮した活動方法を展開する。

③住民が自己決定すること：地域住民自らが、合理的な問題解決の方法を選択する。そのためには、意思決定の判断材料となる情報を地域住民に理解しやすい形で提供する。なお、情報提供においては、公平・中立な立場であらゆる情報（たとえば、ある方法を選択した場合のメリットとデメリット）を伝えることが必要である。

④組織的に活動を進めること：コミュニティワークは、社会生活のあり方に働きかけるものであり、あらゆる職種や機関がかかわる。活動を効果的に展開するためには、対応の重複や欠如がないように、また、地域の生活を守るしくみを整えるように組織的に活動を運営することが重要である。

⑤協働して取り組むこと：生活問題を解決するためには、地域住民と専門職は、自らの問題として責任を自覚し、対等の立場で主体的に役割を果たすことが必要である。

⑶ コミュニティワークの展開過程

　コミュニティワークの展開過程は、①地域診断（アセスメント）、②地域ニーズの把握（ニーズアセスメント）、③活動計画の立案（プランニング）、④活動の展開（インターベンション）、⑤活動の評価（モニタリング）、⑥活動計画への反映という流れをたどる。

❶地域診断（アセスメント）

　地域の情報を収集したうえで、その地域の特性を把握し、生活問題の背景（人口構成、産業構造、地理的環境、健康状態、居住環境、家族形態、地域の慣習、人々の価値観、経済状況など）を分析する。また、生活問題に対する地域住民の考え方や態度の特徴を把握する。

❷地域ニーズの把握（ニーズアセスメント）

　地域診断の結果から、生活問題が生じている要因を分析し、顕在的ニーズを把握するとともに、今後、生じる可能性のある生活問題を予測し、潜在的ニーズを把握する。

❸活動計画の立案（プランニング）

　問題の緊急度、深刻度および問題解決の実現可能性、問題解決による波及効果などに基づき、問題解決を図る活動計画の優先順位を検討する。活動の長期・短期目標を設定し、具体的な活動内容、役割分担、評価指標を検討する。

❹活動の展開（インターベンション）

　広く情報の提供を図り、地域住民の参加を促す。地域内の住民組織、団体やほかの組織、団体、機関との連携を強化する。社会資源を積極的に活用し、場合によっては、社会資源をつくり出すことが必要となる。

❺活動の評価（モニタリング）

　活動の結果、目標がどの程度達成されたかを点検し、成果および効果を測定する。また、活動の展開過程をふりかえり、目標達成のための活動のあり方として、各関係者がどのように機能していたか、より効果的に機能するにはどのようなかかわり方が必要であるのかを検討し、評価する。

❻活動計画への反映

　活動の評価結果から今後の課題を明確にし、次の活動計画へ反映させる。

第 4 節　ソーシャルワークの手段

　ソーシャルワークにおいて援助目標を達成するためには、援助する側と援助される側が対等で信頼できる関係をつくることが不可欠である。そのためにソーシャルワーカーには、さまざまな手段を駆使することが求められる。ここでは、コミュニケーションの技法と面接の技法について述べる。

1　コミュニケーションの技法

　コミュニケーションとは、「伝える」「わかちあう」「共有する」という意味のラテン語からきた言葉である。ソーシャルワークにおいては、ソーシャルワーカーとクライエントとのコミュニケーションによって信頼関係を深めたり、ともに喜びをわかちあったり、不安を和らげたりすることができる。コミュニケーションを援助技法として意図的に用いることにより、クライエントの感じていることを理解したり、慰めたり、あるいは思いやりをクライエントに伝えたりすることが可能になる。

　コミュニケーションは、送り手が考えや気持ちを受け手に伝え、受け手はそれを理解したうえで、それに対する考えや気持ちを送り返すという相互作用によって成立する。ソーシャルワーカーは、クライエントとの会話において、ク

表11-1　非言語的コミュニケーションの例

身体表現	視　　線	：見つめる、ちらりと見る、直視する、にらみつける、視線をあわせない
	姿　　勢	：正面に胸を張って座る、のけぞる、うつむく、肩を落とす、前に乗り出す
	顔面表出	：ほほ笑む、顔をしかめる、悲しそうな口元、無表情
	目	：きらきら輝く、涙ぐむ、大きく開く、まばたきする
音　　声	話 し 方	：遅い、速い
	音　　量	：大声、小声
	調　　子	：明るく生き生きとした話し方、単調、震えた話し方、口ごもる、抑揚
環　　境	距　　離	：話しやすい距離、話しにくい距離
	位　　置	：座る位置、立つ位置

ライエントの望んでいる考えや気持ちを理解し、クライエントもソーシャルワーカーの考えを理解して信頼関係を構築していく。

　コミュニケーションには、言語的コミュニケーションと非言語的コミュニケーションがある。言語的コミュニケーションとは、音声言語により相手に意見、感情、印象などを表現する手段であり、非言語的コミュニケーションとは、音声言語以外で意識的・無意識的に相手に伝わる表現方法（身体表現、音声、環境など）である（表11－1参照）。

▌2　面接の技法

　ソーシャルワークにおいて「面接の技法」は、欠かすことのできない重要な手段である。一般的な面接とは違い、ソーシャルワーカーがクライエントと対等の立場で対面し、信頼関係を基軸として話し合う。ソーシャルワークの目的を達成するために、明確な意図をもって意識的に行われる話し合いである。以下に、基本的な面接の技法を示す。

①かかわり行動：言語的・非言語的な、適切な相手への行動（視線、身体言語、言語的追跡など）により、相手の歩調にあわせて話を聞く。

②傾聴の技法：相手の話を批判することなく、じっと耳を傾けることである。

③質問法：開かれた質問（「どのように感じているか」「なぜそのように思うのか」など、相手に自由に語らせる質問）と閉じられた質問（「はい」「いいえ」で答えられる質問）を活用すること。

④焦点化：問題の核心にふれ、相手の洞察を促すような質問を心がける。

第 5 節　これからのソーシャルワーク

▌1　ソーシャルワークの専門性

　1987（昭和62）年に「社会福祉士及び介護福祉士法」が公布され、有資格のソーシャルワーカーが誕生することになった。しかし、社会福祉士が名称独占であり、資格を十分に生かした活動を展開できる職場環境が整っているとは言

い難い。ソーシャルワークにおいては、専門性について議論されることが多いが、それは、ソーシャルワークが完全な専門性を確立する発展途上にあるからであろう。社会福祉の関係者の間で真剣に議論されても、社会福祉の関係者以外には、必ずしもソーシャルワークの専門性が認知されているとは言えない現実がある。

　ソーシャルワークをはじめとする対人援助にかかわる職業は、技術の一般化を図り、理論体系として示すことが容易ではなく、「経験」「直感」と呼ばれるものに頼るところが少なくないのが現状である。その理由は、ソーシャルワークが対象とする問題が、「個々の問題（現象）が多様」であり個別性が高いこと、さらにそれらは「生活上の問題」であること、したがって、それらを解決するためには、その問題（現象）が生じている背景（問題の要因）を把握し、「それらの問題の要因が複雑に絡み合っていることを考慮して解決を図る必要があること」、また、問題を解決するのはクライエント自身であり、「クライエントの状況に応じた働きかけが必要であること」などの特徴があるからである。

　専門職として有効に機能していくためには、上述の特徴を考慮しながら、実践過程を論理的に分析し、援助方法についての理論の体系化を図らなくてはならない。

┃2　現代の社会福祉活動と専門職の役割

　わが国は、急速な少子高齢化、核家族化の進行などにともない、社会福祉に対する需要は増大・多様化してきた。それに応えるソーシャルワークのキーワードとして、「利用者本位」「サービスの質の保証」「地域福祉（地域における自立した生活）の確立」があげられる。これらを実現するためには、専門職の役割として、次のようなことが必要である。

　利用者本位の考え方に基づく支援では、クライエントである利用者の人間としての尊厳を尊重し、利用者が自己決定できるように働きかけることが必要である。まず、決定権が利用者自身にあることを伝えるとともに、ソーシャルワーカーはそのような利用者本位の態度で接しなければならない。また、利用者が理解できる方法で情報を提供し、必要に応じて中立的な立場から専門的意見を

述べることも求められよう。

　サービスの質の保証に関しては、サービス提供者の知識・技術を習得する（教育・研修）体制の確立を図ることが必要である。また、客観的なサービス評価基準の設定、第三者機関などによる評価の実施、そして最も重要なのは、評価結果をサービス改善に反映することである。

　地域福祉を確立する支援を行うためには、多様な側面からなる生活の営みを支えるための多職種のかかわりが必要となる。つまり、サービスをマネジメントする役割が求められる。マネジメント機能を発揮するためには、クライエントの意向を受け身的に受けとめ、サービスを導入すればよいのではなく、よりよい生活を送るためには、どのようなものが求められるのかをクライエントとともに考え、クライエントの個別性に配慮したサービスを導入することが必要である。さらに、現在あるサービスでは効果的な支援が期待できない場合には、新たな支援方法をつくり出し、地域での支援体制を築くこともソーシャルワーカーとして大事な役割である。

3　ソーシャルワーカーへの期待

　近年、わが国の状況をみると、少子高齢化や人々の価値観の多様化などを背景として、家族や地域社会の構造・機能はめまぐるしく変化した。そのため、ソーシャルワークが取り組むべき課題は、従来とは異なって複雑であり、困難を極めた事例にも出会う。たとえば、子ども家庭福祉分野では、育児不安の増大、児童虐待、いじめ、青少年の犯罪などである。また、高齢者福祉分野に関しては、介護問題、高齢者虐待、高齢者のひとり暮らし、認知症高齢者といった問題などである。これらの問題を解決するためには、諸政策や制度などのあらゆる社会資源を活用するといった物的な支援だけではなく、精神的な支援も必要である。ソーシャルワーカーは、必要ならば、クライエントを代弁する機能（アドボケイト）の役割を果たす。また、新しい制度の創設に携わったり、クライエント自らが問題解決を図る力（エンパワメント）を高めることができるように支援する役割も担う。クライエントの問題をどのようにとらえ、ソーシャルワークのどの援助技法を組み立てて展開するのかについて、専門的倫理

と価値に裏づけられた態度、高い専門的知識と技術をもって判断し、クライエントの権利を擁護して活動するソーシャルワーカーの活躍が期待される。さらに、ソーシャルワーカーが専門職として成熟していくために、ソーシャルワーカーと呼ばれる人たちの努力と研鑽、その科学的検証が求められる。

◆◆◆◆　**自学自習のためのヒント**　◆◆◆◆

1. 現代社会には、どのような問題で苦しんでいる人々がいるのか、その深刻な姿に気づくことがソーシャルワークの出発点である。身のまわりの人々に関心をもち、個人、集団、地域に派生するさまざまな問題について考えてみよう。
2. 上記1の問題を専門的に解決する方法が、ソーシャルワークである。ソーシャルワークがどのように展開していくのかについてイメージしてみよう。たとえば、グループの力を活用して解決できる問題、地域に働きかける問題などとソーシャルワークを結びつけてみよう。
3. ソーシャルワークの実際をイメージして、専門職が求め続けている価値や倫理を考えてみよう。たとえば、障がい者を支援する場合には、どのような価値、倫理、専門的知識、専門的技術が必要となるのかについて考えてみよう。

【引用文献】
1）奥田いさよ『社会福祉専門職性の研究―ソーシャルワーク史からのアプローチ：わが国での定着化をめざして』川島書店　1992年　p.9
2）同上書　p.67
3）G.コノプカ著、前田ケイ訳『ソーシャル・グループ・ワーク―援助の過程』全国社会福祉協議会　1967年　p.27

【参考文献】
・F. P. バイステック著、尾崎新・原田和幸・福田俊子訳『ケースワークの原則―援助関係を形成する技法（新訳版）』誠信書房　1996年
・M. E. リッチモンド著、小松源助訳『ソーシャル・ケースワークとは何か』中央法規出版　1991年
・佐藤克繁・星野政明・増田樹郎編『新課程・国家資格シリーズ④　社会福祉援助技術論〈理論編〉―対人援助の本質を問う』黎明書房　2003年
・三浦文夫編『Nブックス　改訂　社会福祉概論』建帛社　2010年
・秋山智久『社会福祉実践論―方法原理・専門職・価値観（改訂版）』ミネルヴァ書房　2005年

第12章　現代社会と社会保障

第1節　私たちの暮らしと社会保障

　社会保障は私たちの生活に深くかかわっている。私たちは一人では生きていけない。一人ひとりが支え合って生きているのが人間である。

　また、人間は、誰でも一生涯を安定した豊かな生活を送ることを望むが、いつ生活上の危機に直面するかわからない。どんなに努力しても生活を維持することが困難になることも考えられる。たとえば、自然災害や病気によって働くことができなくなったり、失業によって生活が困窮したり、交通事故や労働災害による負傷のために障害者になる、寝たきりになって介護の事態が生じるなど、さまざまな困難に直面することも、長い人生のなかでは考えられる。

　突然の危機に対して、人間は不安を常に感じており、そのような危機や困難に対して回避するためにいろいろな対策と準備をしているが、多くの人々は個人での対策と準備だけでは限界があることを知っている。また、個人によってそれぞれ環境が異なるため、その対応もさまざまである。

　今までは、家族や親戚が困ったときはお互いに助け合ってきたことが多かったが、やはり限界がある。共同体意識の強い地域は、地域で対応することもあった。しかし、現代のように核家族化、単身世帯、そして家族崩壊が問題化してきているなかでは、そのような相互扶助的な期待はますます薄らいできているのが現状である。

　また、社会構造が大きく変化し、少子高齢社会のなかで家族のあり方や共稼ぎ夫婦の増加などにより、子育てや高齢者の介護問題は大きな課題になっている。

　社会保障とは、生活に困窮した人や社会的弱者に対して救済を行う制度であるとともに、失業、傷病、退職、災難など生活を脅かすリスクに対して、生活の安定や安心をもたらすための役割があり、人生における生活上の危機に対して安心して日常生活を送るための制度である。もし世のなかに社会保障の制度がなく、個人の自助努力だけに任せられていたらどうなるだろうか。そして、自主的な備えだけで対応することになったらどうなるだろうか。

　病気になったときに、どの程度の費用がかかるかは、予測ができない。人生では、個人の力だけではどうにも解決できないことが起こる可能性がある。社会保障とは、不安のない安定した生活を送るために、生活を脅かすリスクに対して、集団でそのリスクを分散して対応していく制度である。

　社会保障制度は、個人の責任や自助努力では対応しがたいリスクに対して社会全体で支え合い、家庭の機能や個人の自立を支援することにより、生活の安定をもたらす。また、経済の安定的な発展に寄与し、貧富の格差を縮小したり、低所得者層の生活水準を向上させるための不可欠な制度である。

第2節　わが国の社会保障制度

1　社会保障制度の歴史

　わが国で社会保障制度が本格的に整備されたのは、第二次世界大戦後である。戦後制定された日本国憲法第25条では、国民の生存権、国の保障義務について「すべて国民は、健康で文化的な最低限度の生活を営む権利を有する」「国は、すべての生活部面について、社会福祉、社会保障及び公衆衛生の向上及び増進に努めなければならない」と謳われ、社会保障の原点となっている。

　1950（昭和25）年には、社会保障制度審議会が「社会保障制度に関する勧告」を出し、それが社会保障制度の基本的指針となり、福祉国家への道をめざすことになった。特に、1961（同36）年に国民皆保険・皆年金が実現し、すべての国民が何らかの公的な医療保険制度および年金保険制度に加入することとなった。これにより、病気や高齢になり生活の安定を損なう事態を防ぐ対策が打ち

出され、被保険者が自ら保険料を支払い、リスクに備える社会へと移行した。1971（昭和46）年には児童手当法が制定され、1973（同48）年には老人医療費の自己負担無料化や年金給付水準の大幅引き上げや物価スライド制の導入が行われた。

　1990年代に入り、少子高齢化の傾向が加速し始め、合計特殊出生率は低下を続けており、わが国の総人口は、2005（平成17）年に戦後始めて減少し、今後少子超高齢化社会と急勾配な人口減少が見込まれている（図12－1参照）。

　少子高齢社会に対応し、社会保障制度の見直しが必要になってきているが核家族化やひとり暮らしの高齢者世帯の増加により、介護の問題の見直しが求められ、1997（平成9）年に介護保険法が制定された。また在宅サービスの利用が増大し、住み慣れた地域で生活ができる地域包括するケアシステムの構築や

図12－1　日本の長期人口すう勢

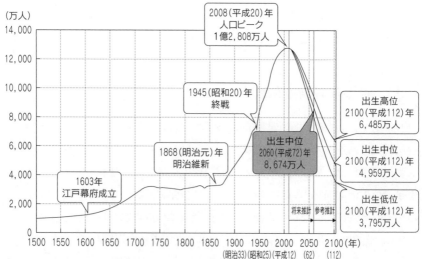

資料：1920年より前：鬼頭宏『人口から読む日本の歴史』
　　　1920～2010年：総務省統計局『国勢調査』、『人口推計』
　　　2011年以降：国立社会保障・人口問題研究所『日本の将来推計人口（平成24年1月推計）』出生3仮定・死亡中位仮定
　　　一定の地域を含まないことがある。
出典：厚生労働省『平成27年版　厚生労働白書』日経印刷

予防重視型システム構築が求められてきた。

　急激な社会構造の変化により、2004（平成16）年には年金制度の改正が行われた。保険料の引き上げを抑制しながら、保険料負担の上限を設定して固定することとなった。2012（同24）年に年金関連四法が成立し、社会保障・税一体改革により、基礎年金国庫負担割合の2分の1の恒久化、積立金の活用、マクロ経済スライドの導入等が行われ、長期的な給付と負担の均衡を確保し、持続可能な制度として将来にわたって継続していくという方針を打ち出した。

2　社会保障の体系

　わが国の社会保障は、社会保険、公的扶助、社会手当、社会福祉サービス、公衆衛生・保健医療の領域に大別することができる。社会保険には、年金保険、医療保険、雇用保険、労働者災害補償保険、介護保険がある。公的扶助としては、生活保護の制度がある。社会手当には、児童手当、児童扶養手当、特別障害者手当、特別児童扶養手当などがある。社会福祉サービスには、子ども家庭福祉、障害者福祉、老人福祉などの各種福祉サービスがある。公衆衛生・保健医療には、保健所・保健センターの設置、環境衛生、医療機関の配置、医療人材の養成と配置などがあげられる。

3　社会保障の定義と目的

⑴　社会保障制度審議会による定義

　社会保障の定義は、時代とともに変化してきている。日本では、日本国憲法第25条の規定中に「社会保障」という言葉が使われているが、現在まで社会保障制度として用いられている定義は、前述の社会保障制度審議会による「社会保障制度に関する勧告」である。それによれば、「社会保障制度とは、疾病、負傷、分娩、廃疾、死亡、老齢、失業、多子その他困窮の原因に対し、保険的方法又は直接公の負担において経済保障の途を講じ、生活困窮に陥った者に対しては、国家扶助によって最低限度の生活を保障するとともに、公衆衛生及び社会福祉の向上を図り、もってすべての国民が文化的社会の成員たるに値する生活を営むことができるようにすることをいう」と定義されている。また、同勧

告では、生活上困窮している者に対しては、生活保護によって最低限度の生活を保障すること、さらにこれらとあわせて、公衆衛生および社会福祉の向上を図ることがあげられている。

　この勧告の定義は、国が国民の生活を保障する義務を明確にした意義深いものであったが、戦後間もない混乱期を背景に定義され、貧困者を救済することが第一の目的であり、社会保障の定義としてはかなり狭義であった面がある。

(2)　社会保障の定義をめぐる最近の動向

　その後、社会環境も大きく変化し、社会保障制度は、国民皆保険・皆年金、医療や福祉サービスの需要の増大などにより、低所得層に限られたものではなくなった。たとえば、給付水準の向上については、医療保険では高度医療も保険の対象となり、社会保障の水準は、最低限度を保障するにとどまらないものとなっている。

　介護保険制度は、利用者の主体性や選択を尊重している。また、サービス提供主体は拡大し、福祉サービス分野においては行政機関だけではなく、民間組織やNPO団体も参画してきている。

　1993（平成5）年の社会保障制度審議会第一次報告のなかで社会保障は、「国民の生活の安定が損なわれた場合に、国民にすこやかで安心できる生活を保障することを目的として、公的責任で生活を支える給付を行うもの」と定義されている。また、1994（同6）年の「21世紀福祉ビジョン～少子・高齢社会に向けて～」（高齢社会福祉ビジョン懇談会報告）では、「社会保障は、国民一人一人の自立と社会連帯の意識に支えられた所得再分配と相互援助を基本とする仕組みである」と定義されている。

　このように社会保障の考え方は、すべての国民を対象にしており、その役割は、①生活の保障・生活の安定、②個人の自立支援、③家族機能の支援へと力点が置かれており、失業の予防のための雇用対策、食品や衣料品の安全対策、住宅対策などへと広がってきている。

4　社会保障の機能

　社会保障は、私たちの生活にかかわる保障をするための重要な役割を果たすものである。病気、負傷、失業などにより所得の急減を緩和し、生活の安定を確保するために大きな役割を担っている。

　『平成11年版　厚生白書』によれば、社会保障の機能は、主として、「社会的安全装置（社会的セーフティネット）」「所得再配分」「リスク分散」「社会の安定及び経済の安定・成長」の4点に分類される。

❶社会的安全装置（社会的セーフティネット）

　社会保障には、生活の安定を損ねたときに、生活の安定を図り、安心をもたらすための社会的な安全装置の役割がある。

　たとえば、病気やけがをしたときに、医療保険により、安心して医療サービスを受けられる。失業者に対しては、雇用保険により給付を行い、生活の安定を図る。高齢者に対しては、年金により老後の所得保障を行い、老後の安定を図る。介護が必要な人に対しては、介護保険により介護サービスを提供する。

　また、ほかの制度を利用してもなお、生活が困窮する場合には、生活保護を受け、最低限度の生活を保障する。このように、さまざまな事態に対して重層的に生活を支える。

❷所得再配分

　所得の再配分とは、所得格差の縮小や低所得者の生活の安定を図ることである。たとえば、公的年金制度は、現役世代から高齢者の世代へと所得再配分のシステムを繰り返すことによって成り立っている。また、医療保険制度は、健康な人から病気の人への所得再配分が行われている。

❸リスク分散

　生活を不安定にさせる危険（リスク）に対して、社会全体であらかじめリスク分散を行う。たとえば、公的年金制度は、すべての国民が加入して老後に備える。また、医療保険制度も保険料を負担することにより、病気になったときに比較的低い治療費で医療を受けられるようにしている。

❹社会の安定および経済の安定・成長

社会保障は、生活に安心感を与えたり、実際に生活困難な状態になった場合に救済したり、所得格差を解消する所得再配分機能があることなどから、社会や政治を安定化させる機能をもっている。また、景気変動を緩和する経済安定化機能や経済成長を支えていく機能をもっている。

たとえば、医療保険制度の充実は、疾病状態になった場合の不安を解消したり、早期受診をすることによって、健康状態の早期回復につながる。勤労者自身からみれば、労働能力の保持・増進、ひいては収入の維持・増大に結びつく。また、育児や介護を理由とした離職を防ぎ、さらには、それまで育児や介護に従事していたために働くことができなかった人々の労働力を推進することができる。

雇用創出の視点からみれば、保健・医療・福祉分野の雇用の場を提供することにもなる。

第3節　年金制度のしくみ

現代社会においては、老後を家族の扶養のみで支えられることは極めて困難になってきている。また、景気変動などにより、老後に対して十分な備えをすることが難しい状況であることを考えると、年金制度は極めて重要な所得保障の柱である。

公的年金制度としては、国民年金、厚生年金保険制度がある。また、この公的年金制度は、全国民を対象とした定額給付を保障する基礎年金（国民年金）と、所得に比例した保障を行う報酬比例年金（厚生年金）の2階建てで構成されている。

企業などに雇用されている者（被用者）は1階部分の基礎年金と2階部分の報酬比例年金の両方を受給することができる。一方、自営業などの者は、1階部分の基礎年金給付のみを受け取ることができる。

1　国民年金

国民年金は、20歳になったら誰もが加入する保険制度で、「基礎年金」とも呼

ばれている。

　国民年金の強制適用被保険者は、加入の仕方や保険料支払い方法がそれぞれ異なり、3種類に区分される。

　第1号被保険者は、日本国内に住所を有する20歳以上60歳未満の自営業者、農業者、アルバイト、無職者などが対象であり、保険料は定額で個別に負担する。

　第2号被保険者は、70歳未満の民間企業被保険者、公務員で、保険料は報酬額に比例し、厚生年金等が一括して負担している。

　第3号被保険者は、第2号被保険者の被扶養配偶者で本人は負担を要せず、配偶者の加入している被用者年金制度が負担している。

　国民年金の保険料は、2017（平成29）年まで引き上げが続き、それ以降は保険料水準は固定化された*1。また、厚生年金の保険料は、2004（同16）年10月から段階的に0.354％ずつ引き上げられ、最終的には2017（同29）年9月以降、18.3％で固定された。

2　老齢年金

　老齢年金は、老齢基礎年金と老齢厚生年金がある。

　老齢基礎年金は、国民年金から支給されるが、原則として保険料の納付済み期間、保険料免除期間、合算対象期間を合計して、10年以上の受給資格期間を満たした者に支給される。支給開始年齢は原則65歳であるが、被保険者の希望によっては、60歳から64歳での繰り上げ支給が認められている。しかし、その場合は減額支給となる。また、65歳を過ぎてからの繰り下げ支給もできる。その場合は増額支給となる。

　老齢厚生年金は、厚生年金加入者が老齢基礎年金に上乗せして厚生年金保険から支給される。

---

*1　実際の国民年金の保険料は、各年度の保険料額に直近の賃金や物価上昇率から算出した保険料改定率を乗じて決定される。

3 障害年金

障害年金は、障害基礎年金と障害厚生年金がある。

障害基礎年金は、国民年金に加入している間に初診日[*2]のある病気やけがで、法令により定められた障害等級1級、2級による障害の状態にある期間に支給される年金のことである。

障害基礎年金は、①被保険者であること、②被保険者であった者が、日本国内に住所を有し、60歳以上65歳未満であるときに受けられる。しかし、②において繰り上げ支給による老齢基礎年金を受けている場合は該当しない。

障害の状態とその認定時期は、障害認定日に障害等級1級または2級の状態にあることである。なお、障害認定日とは、初診日から起算して1年6か月を経過した日（その期間内に治ったときはその日）[*3]をいう。

また、障害基礎年金を受けるためには、初診日のある月の前々月までの公的年金の加入期間の3分の2以上の期間について、保険料が納付または免除されていること、または初診日のある月の前々月までの1年間に保険料の未納がないことが必要である。

障害厚生年金は、厚生年金に加入している間に初診日のある病気やけがで障害基礎年金の1級または2級に該当する障害の状態になったときは、障害基礎年金に上乗せして障害厚生年金が支給される。障害の状態が2級に該当しない軽い程度の障害のときでも、3級の障害厚生年金が、また、3級より軽度の障害の場合は一時金として障害手当金が支給される。

4 遺族年金

遺族年金は、遺族基礎年金と遺族厚生年金がある。

遺族基礎年金は、被保険者や老齢基礎年金の受給資格期間を満たしている者が死亡したときに、死亡の前日までに保険料納付済期間と保険料免除期間とを

[*2] 初診日とは、障害の原因となった病気やけがについて、はじめて医師の診療を受けた日のことである。

[*3] ここでの治ったときとは、症状が固定化し治療の効果が期待できない状態をいう。

あわせた期間が被保険者期間の３分の２以上ある場合に死亡した者によって生計を維持されていた「子のある配偶者」あるいは「子」に支給される。「子」とは18歳未満または障害等級１級・２級の20歳未満の子をいう。

　遺族厚生年金は、遺族基礎年金と同様の保険料納付要件を満たしている厚生年金の被保険者や、老齢厚生年金の受給者が死亡したときに支給される。ただし、初診の日から５年以内に死亡した者については、保険料納付済期間と保険料免除期間とが被保険者期間の３分の２以上あること、老齢厚生年金の資格期間を満たした者が死亡したとき、１級・２級の障害厚生年金を受けられる者が死亡したときに支給される。

　2014（平成26）年４月１日から、遺族基礎年金が父子家庭へも支給されることになった。これまでは「子のある妻又は子」に限られていたが「子のある夫」も対象となり施行日以後に死亡したことにより支給する遺族年金から適用となった。

第 4 節　雇用保険

1　雇用保険制度の歴史

　雇用保険制度の前身である失業保険制度は、1947（昭和22）年に失業者の生活の安定を目的として失業保険法に基づき創設された。しかし、社会・経済変動により、失業中の生活の保障ばかりでなく、労働者の雇用機会の増大とその安定を確保するために、1974（同49）年に失業者の生活の安定および３事業（雇用改善事業、能力開発事業、雇用福祉事業）を目的として雇用保険法が制定され、失業保険法は廃止された。2007（平成19）年には、雇用福祉事業が廃止され、２事業となった。

　これ以降の日本の雇用保険制度では、雇用保険料が定期的に見直され、その調整によって制度の財政健全性が確保されている。経済の変動に対応する手段として、失業給付においては景気の波に合わせた柔軟な対応が行われている。景気後退時には、失業手当の支給期間の延長や支給額の引き上げが検討され、

雇用者・被雇用者双方の負担を考慮した調整が実施されている。また、非正規雇用者に対する雇用保険の適用範囲が拡充され、適切な保護が提供されるようになった。この傾向は、労働市場において非正規雇用者が増加している現状に対応するものであり、雇用保険制度の公平性を向上させる方向性が強調されている。

　同時に、雇用保険制度は単なる給付だけでなく、再就職支援の一環として職業訓練プログラムの整備にも力点が置かれている。これにより、失業者が新たな職に再就職しやすくなるように努められてきた。

▌2 　失業等給付の概要

　雇用保険は、労働者が失業した場合や労働者について雇用の継続が困難となる事由が生じた場合に必要な給付を行い、労働者の生活と雇用の安定を図るとともに、求職活動を容易にするなど再就職を促進し、あわせて労働者の職業の安定のため、失業の予防、雇用状態の是正、雇用機会の増大、労働者の能力の開発向上、その他労働者の福祉の増進を図ることを目的としている。

　法人、個人を問わず、「雇用保険適用事業者」となるには、原則として、1週間の所定労働時間が20時間以上で、かつ31日以上に引き続き雇用される見込みのある労働者を1人以上雇用の場合に対象となる。

　雇用保険が適用となる「雇用される労働者」とは、雇用関係によって得られる収入によって生活する者をいう。したがって、臨時内職的に就労する者は被保険者とはならない。

(1)　求職者給付

　求職者給付は、雇用保険の被保険者が定年、倒産、解雇等自己都合などにより離職したときに支給される。

　求職者給付の基本手当の支給が受けられる日数は、雇用保険の被保険者であった期間および年齢や離職の理由などによって90日から360日の間でそれぞれ決められる。特に倒産・解雇などによる離職者は、定年や自己都合による離職者よりも給付日数が長い。

受給要件は、公共職業安定所（ハローワーク）において、求職の申し込みを行い、就職しようとする積極的な意思があり、いつでも就職できる能力があるにもかかわらず職業に就くことができない者、離職の日以前2年間に被保険者期間が通算して12か月以上であることが必要である。ただし、倒産・解雇などの理由により再就職の準備をする時間的余裕がなく離職を余儀なくされた者（特定受給資格者）または、特定受給資格者以外の者であって、期間の定めのある労働契約が更新されなかったこと、そのほかやむを得ない理由により離職した者（特定理由離職者）については、離職の日以前1年間に被保険者期間が通算して6か月以上ある場合は認められている。

(2)　就職促進給付

就職促進給付は、失業者の早期の再就職を促進するための給付で、就業促進手当、移転費、広域就職活動費がある。

就業促進手当は、再就職手当、就業手当、常用就職支度手当に分けられるが、いずれも基本手当の支給者が所定給付日数を一定期間残して再就職した場合に支給される一時金である。

再就職手当は、求職者給付の基本手当の受給資格がある者が安定した職業に就き、基本手当の支給残日数が所定給付日数の3分の1以上、かつ45日以上あり、一定の要件に該当する場合に支給される。また、就業手当は、基本手当の受給資格のある者が再就職手当の支給対象とならない常用雇用等以外の形態で就業した場合に、基本手当の支給残日数が所定給付日数の3分の1以上、かつ45日以上あり、一定の要件に該当する場合に支給される。また、再就職手当を受給した者が、離職前賃金と比べて再就職後賃金が低下した場合には、低下した賃金の6か月分を追加給付される。

(3)　教育訓練給付

教育訓練給付は、働く人の主体的な能力開発の取り組みを支援し、雇用の安定と再就職の促進を図ることを目的としている。支給対象者は、厚生労働大臣の指定する教育訓練を受講し修了した者であり、教育訓練の受講を開始した日

において雇用保険の一般被保険者で、支給要件期間が３年以上（はじめて支給を受けようとする者については１年以上）であること、または一般被保険者であった者である。

(4)　雇用継続給付

雇用継続給付は高齢者や育児・介護を行う者に対して必要とされる給付を行い、雇用を継続させることを目的としている。

雇用継続給付には、①高年齢雇用継続給付、②育児休業給付、③介護休業給付がある。

❶高年齢雇用継続給付

高年齢雇用継続給付は、働く意思と能力のある高齢者に対して、雇用の継続を援助・促進するための制度で、「高年齢雇用継続基本給付金」と、基本手当を受給し、60歳以上で再就職した場合に支給される「高年齢再就職給付金」とがある。高年齢雇用継続基本給付金は、失業給付を受けずに引き続き雇用され、一定の要件に該当する者に支給される。高年齢再就職給付金は、60歳以上65歳未満で再就職した一定の要件に該当する者に支給される。

❷育児休業給付

これまで申請方法や支給時期が異なっていた「育児休業基本給付金」と「育児休業者職場復帰給付金」が統合され、2010（平成22）年４月から「育児休業給付金」として全額育児休業中に支給されるようになった。

育児休業給付は、一般被保険者が１歳または１歳２か月（支給対象期間の延長に該当する場合は２歳）未満の子を養育するために育児休業を取得した場合であって、休業開始前の２年間に、賃金支払基礎日数が11日以上ある月が12か月以上の場合、受給の対象となる。

❸介護休業給付

介護休業給付は、家族を介護するために休業し、介護開始前より賃金が低くなった一般被保険者に支給される。介護休業開始日前２年間に、賃金支払基礎日数が11日以上ある月（過去に基本手当の受給資格の決定を受けたことがある者については、基本手当の受給資格決定を受けた後のものに限る）が12か月以

上ある場合に支給される。

第 5 節　労働者災害補償保険

1　労働者災害補償保険の目的

　労働者災害補償保険法第1条によれば、労働者災害補償保険の目的は、「業務上の事由又は通勤による労働者の負傷、疾病、障害、死亡等に対して迅速かつ公正な保護をするため、必要な保険給付を行い、あわせて、業務上の事由又は通勤により負傷し、又は疾病にかかつた労働者の社会復帰の促進、当該労働者及びその遺族の援護、労働者の安全及び衛生の確保等を図り、もつて労働者の福祉の増進に寄与すること」とされている。労働者災害補償保険は、政府管 掌の保険である。

2　適用事業と適用労働者

　労働者災害補償保険は、労働者単位ではなく、事業所単位で適用される。原則として、労働者を一人でも使用する事業は適用事業となり、労働者災害補償保険に加入しなければならない。ただし、農林水産業の一部の事業については、暫定的に任意適用事業とされている。また、国の直営事業、官公署の事業は、適用されない。

　労働者災害補償保険の加入の対象となるのは、適用事業に使用され、賃金を支払われているすべての労働者である。雇用保険や厚生年金の対象とならない小規模な個人事業に雇われている労働者、パート、アルバイトなども対象者になる。つまり、労働基準法における労働者に該当しない者（役員・自営業者・同居の親族）は対象外であるが、一定の要件のもとに特別加入制度に加入することができる。ただし、公務員は国家公務員災害補償法、地方公務員災害補償法が定められている。

232

3　保険者と保険料

労働者災害補償保険の保険者は国であり、保険料は事業主が全額負担する。保険給付は、①労働者の業務上の負傷、疾病、障害または死亡に関する保険給付、②労働者の通勤による負傷、疾病、障害または死亡に関する保険給付となる。ただし、通勤とは、労働者が就業に関し、住居と就業の場所との間を合理的な経路および方法により往復することをいい、業務の性質を有するものを除くとなっている。

業務災害に関する保険給付には、療養補償給付、休業補償給付、障害補償給付、遺族補償給付、葬祭料、傷病補償年金、介護補償給付などがある。

第6節　医療保険

日本の医療保険制度は、国民の健康・生命を守るという意味で、重要な柱のひとつであり、すべての国民が平等に医療を受ける機会を保障するもので、国民が容易に医療を受けられるようになっている。

図12-2　医療保険制度の体系

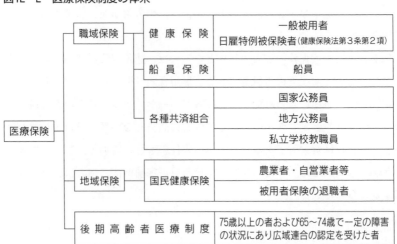

医療保険制度は、大きく「職域保険」と「地域保険」の２つに分けることができる（図12−2参照）。職域保険には、民間部門の被用者およびその扶養家族を適用対象とする健康保険、船員およびその扶養家族を対象とする船員保険、国家公務員、地方公務員、私立学校教職員およびその扶養家族を対象とする各種共済組合がある。地域保険は、職域保険以外の自営業者、農業者、被用者保険が適用されない被用者などとその家族を適用対象とする国民健康保険のことである。また、75歳以上が加入する後期高齢者医療制度（p.137参照）がありこれにより、すべての国民が何らかの医療保険の適用を受けることができることになっている（国民皆保険）。

1　健康保険

健康保険の保険者は、中小企業が加入する全国健康保険協会管掌健康保険（協会けんぽ）と健康保険組合を保険者として大企業が加入する組合管掌健康保険がある。

共済組合には、国家公務員が加入する国家公務員共済組合、地方公務員が加入する地方公務員共済組合、私立学校の教職員が加入する私立学校教職員共済組合がある。

適用事業所については、健康保険への加入は企業単位でなく、事業所単位で行われ、加入が義務づけられている強制適用事業所[4]と厚生労働大臣の許可を受けて加入する任意包括適用事業所[5]がある。

パートタイマーについては、１日または１週間の勤務時間が、その事業所で働いている一般の従業員の勤務時間の４分の３以上であること、また、１か月の所定勤務日数が、その事業所で働いている一般の従業員の４分の３以上であれば被保険者になれる。

また、健康保険の加入者は、退職後も「任意継続被保険者」として２年間は

---

[4]　強制適用事業所とは、法人事業所、個人事業所のうち、飲食業・サービス業、農林漁業等を除く一般の事業所で従業員が５人以上の事業所のことである。
[5]　任意包括適用事業所とは、個人事業所のうち、飲食業・サービス業・農林漁業等の事業所や、個人事業所のうち飲食業・サービス業、農林漁業等を除く一般の事業所で従業員が５人未満の事業所のことである。

被保険者となることができる。

　被保険者の給付については、病気やけがで保険医療機関に入院したときに療養の給付とあわせて食事の費用の給付が受けられる。また、出産育児一時金（出産時に50万円）の支給、訪問看護療養費の支給、傷病手当金の支給のほか、療養のため労務に復することができない場合の所得保障として、1日につき標準報酬などがある。

　健康保険料は、厚生年金保険料と同様に、事業主と被保険者で保険料を折半して負担する。

2　国民健康保険

　国民健康保険は、市町村（特別区も含む）が保険者となり、被保険者が同じ地域に住む人を対象としている。市町村国民健康保険と、国民健康保険組合がある。

　市町村国民健康保険は、農業を営んでいる人、自営業の人や無職者（退職者、専業主婦、専業主夫、学生など）、未成年者などが対象となる。加入は、原則として世帯単位であり、家族も被保険者の対象に含まれることになる。

　国民健康保険組合は、同一の地域内で、同種の事業を営む医師、歯科医師、薬剤師、弁護士、税理士あるいは食品販売業、浴場業などに従事する人、芸能人などが対象である。

　保険料は、応能負担分と応益負担分から構成されている。応能負担分は、被保険者の総所得から基礎控除額を差し引いた金額をもとに算出される所得割と被保険者の固定資産税額から算出される資産割からなる。応益負担分は、被保険者均等割と世帯別平等割からなる。ただし、保険料の支払いが困難な場合には、保険料が減額されたり、免除されることがある。

　国民健康保険の保険料の納付方法は、被用者保険のように給付からの天引きができないことや、年金生活者や失業者などの無職者の割合が高く、収納率の低下が深刻な問題となっている。

第 7 節　これからの社会保障

　わが国の社会や経済構造は、大きく変化してきている。急速な少子高齢化の進行による経済の低成長が常態化し家族規模の縮小と家族機能の低下や雇用をめぐる状況が不安定になりつつある。社会保障は、これまで、所得を保障したり、現物給付サービスを行ったり、リスクに対応してきた。また、社会的な安心・安全の役割とともに、所得の配分、リスクの分散、経済の安定と成長を支える機能を果たしてきている。これからも社会保障は、新しい時代の社会的なリスクを軽減していく大きな役割を果たし、国民生活に重要な役割を果たすものである。

　一方で、これから社会保障は、さまざまなサービスに対応することが求められており、その規模はますます拡大していくと考えられ、そのための財源確保の問題がある。行政の財源はどこも限られているが、これからも少子高齢化がさらに進展し、経済の低成長が続くなかで、その限られた財源を有効に活用することができるかが重要になる。今後とも、社会保障を改革しながら持続可能なシステムにしていくためには、給付と負担のバランスが重要になってくる。

　一方、社会保障は、経済と密接なかかわりをもっている。たとえば、社会保障の拡大によって多くの雇用を創出している。また、経済が悪化した場合には、消費を安定させる効果がある。

　これからの医療保険制度については、少子高齢社会において信頼でき、安心で安定した持続可能な制度としていくことが極めて大切になってくる。

　雇用保険制度については、現在、パートタイマーや派遣労働者など就業形態はさまざまであり、これからも非正規雇用者が増加していく傾向にあり、雇用形態の多様化に十分に対応できる総合的なセーフティネットを構築するための見直しが必要である。また、国民の誰もが参画できる社会にしていくためには、性別や年齢、障害を理由に働くことが妨げられないような環境を整備することが必要である。女性の就労においては、育児や介護などにより就労が阻害されないように、保育、介護サービスの確保、育児休暇や介護休暇をとりやすい環

境への改善、職場復帰しやすい雇用環境の整備が必要である。また、子育てを社会全体で支え、安心して子どもを生み、育てられることができるよう、経済的負担の軽減や環境を整えるとともに、総合的な子ども・子育て支援の強化を図っていく必要がある。障害者に対しても、働きやすい環境の整備が求められている。

　これからも社会保障は、国民の生活を支えるセーフティネットとして、国民の安心を確保する役割を果たし、社会構造の変化に対して的確に対応していくことが求められている。

◆◆◆◆　自学自習のためのヒント　◆◆◆◆

1．少子高齢社会のなかで、これからの社会保障のあり方について調べてみよう。
2．年金問題を考えながら、自分の生涯設計を立ててみよう。
3．社会保障はなぜ必要なのか、そして、社会保障制度が充実していない社会であったらどのような問題が出てくるか調べてみよう。

【参考文献】

・厚生労働省編『平成27年版　厚生労働白書』日経印刷
・厚生労働省編『平成28年版　厚生労働白書』日経印刷
・厚生労働省編『平成29年版　厚生労働白書』日経印刷

索 引

ま行

や行

ら行

社会福祉を学ぶ　〔第5版〕

2010年4月25日　初版第1刷発行
2024年2月15日　第5版第1刷発行

編　　　者　　山田美津子・稲葉光彦
発　行　者　　竹鼻均之
発　行　所　　株式会社みらい
　　　　　　　〒500-8137　岐阜市東興町40　第5澤田ビル
　　　　　　　TEL　058-247-1227(代)
　　　　　　　FAX　058-247-1218
　　　　　　　https://www.mirai-inc.jp/
印刷・製本　　サンメッセ株式会社

ISBN 978-4-86015-610-7　C3036
Printed in Japan　　　　　　　乱丁本・落丁本はお取替え致します。